Geleitwort

Die in diesem Band versammelten Worte Martin Luther Kings stammen aus der Zeit seines öffentlich-politischen Wirkens in den Jahren 1955 bis 1968. Vom Busboykott in Montgomery bis zum Müllarbeiterstreik in Memphis waren Kings Reden, Aufsätze und Predigten stets konkret und situationsbezogen. Theologie und Biographie, Glaube und Leben waren bei ihm eng miteinander verbunden. Deshalb ist Kings Wirken als Bürgerrechtler, Kämpfer für soziale Gerechtigkeit, Kriegsgegner und Seelsorger bei jedem der Zitate mitzudenken – selbst dann, wenn einzelne Sätze eher abstrakt wirken.

Es ist erstaunlich, wie aktuell und bedeutsam – über den jeweiligen Anlaß hinaus – viele Gedanken Kings heute sind, drei Jahrzehnte nach seinem Tod. King war nicht nur ein »Apostel der Gewaltlosigkeit«, er war ein Anwalt von Frieden und Gerechtigkeit. Der Friedensnobelpreisträger verstand sich als »Stimme derer, die keine Stimme haben«.

Ich bin mir bewußt, daß etwa seit den 80er Jahren im deutschen Sprachraum die Rede von »Negern« und »Negerinnen« als diskriminierend empfunden wird. Die hier gesammelten Zitate Kings folgen jedoch seinem eigenen Sprachgebrauch in den 50er und 60er Jahren: In seinen frühen Texten sprach King von »Negern« bzw. »Negerinnen«, später zunehmend von »Schwarzen« oder »Afro-Amerikanern« bzw. »Afro-Amerikanerinnen«.

King gebrauchte noch keine inklusive Sprache. So sprach er beispielsweise häufig von »Brüdern« und »Brüderlichkeit«, wo wir heute »Schwestern« ausdrücklich nennen und von »Geschwisterlichkeit« sprechen würden.
Dennoch wird an den Zitaten Kings deutlich, wie sehr sein Traum vom grenzüberschreitenden Universalismus des Christentums inspiriert war. King trat für eine geschwisterliche Weltgemeinschaft ein, die Rassen-, Klassen- und Religionsgrenzen überwindet. Als Prophet der ökumenischen Christenheit sprengte er »das Ghetto von Gott und Seele, in das sich die Kirche immer wieder zurückgezogen hat« (R. Bohren). Die christliche Wahrheit erschöpfte sich für ihn nicht in dogmatischen Richtigkeiten, er verlangte ihr vielmehr menschenfreundliche Wirkung in der Praxis ab.
Wer Predigten und Reden Kings gehört hat, ahnt etwas von der besonderen Eindrücklichkeit des von ihm gesprochenen Wortes im Vergleich zum gedruckten Text. Auch wenn wir Kings Stimme im wörtlichen Sinne nicht mehr hören können, zeigen die folgenden »Worte für jeden Tag«, wie sehr wir seine Stimme nötig haben – als prophetische Herausforderung und als Ermutigung.

Hannover, Ostern 1997 *Heinrich W. Grosse*

Januar

Wir haben ein großes Haus geerbt, ein großes 1
»Haus der Welt«, in dem wir zusammen leben müssen – Schwarze und Weiße, Morgenländer und Abendländer, Juden und Nicht-Juden, Katholiken und Protestanten, Moslems und Hindus – eine Familie, die in Ideen, Kultur und Interessen zu Unrecht getrennt ist; die, weil wir niemals wieder getrennt leben können, lernen muß, in Frieden miteinander auszukommen.

Gott liebt alle seine Kinder. Jeder Mensch, von 2
einem schwarzen Baß bis zu einem weißen Diskant, hat Bedeutung auf der Klaviatur Gottes.

Es ist immer Aufgabe der Kirche gewesen, 3
Horizonte zu erweitern, dem Status quo den Kampf anzusagen und, wenn nötig, mit alten Bräuchen zu brechen.

Tief verflochten in das Gewebe unserer religiösen 4
Tradition ist die Überzeugung, daß die Menschen nach dem Bilde Gottes geschaffen sind und Seelen von unendlichem metaphysischen Wert haben. Wenn

wir das als tiefe moralische Wahrheit akzeptieren, muß es unzufrieden machen, Menschen hungrig zu sehen, Menschen von Krankheit gequält zu sehen, wenn wir doch die Mittel haben, ihnen zu helfen.

5 Die Reichen dürfen die Armen nicht ignorieren. Sie sind durch dasselbe Tor der menschlichen Geburt in dasselbe Abenteuer vergänglichen Lebens eingetreten.

6 Wenn wir unser Leben für Gott öffnen, werden wir neue Geschöpfe. Diese Erfahrung, von der Jesus als von einer neuen Geburt sprach, ist wichtig, wenn wir verwandelte Nonkonformisten sein wollen, die frei sind von kalter Hartherzigkeit und Selbstgerechtigkeit, die so oft mit dem Nonkonformismus einhergehen.

7 In unserem Leben destillieren wir allzu oft Bitterkeit aus unseren Enttäuschungen oder baden uns in tiefem Selbstmitleid oder vertreten eine fatalistische Philosophie, wonach alles, was geschieht, gesche-

hen muß und alle Ereignisse von Notwendigkeit bestimmt sind. Derartige Reaktionen vergiften die Seele und verletzen die Persönlichkeit. Die einzig richtige Antwort besteht in dem ehrlichen Eingeständnis der Enttäuschung, selbst wenn man an Hoffnungsfragmenten festhält; in der Hinnahme begrenzter Enttäuschung, selbst wenn man an unbegrenzter Hoffnung festhält.

Wir dürfen niemals vergessen, daß es im menschlichen Wesen etwas gibt, das durch Güte angesprochen werden kann; daß der Mensch nicht völlig verderbt ist. Das Ebenbild Gottes geht nie völlig verloren. 8

Liebe ist einer der höchsten Werte des christlichen Glaubens. Doch es gibt noch eine andere Seite: Gerechtigkeit. Gerechtigkeit ist im Grunde angewandte Liebe. Gerechtigkeit ist Liebe, die das beseitigt, was der Liebe im Wege stehen würde. 9

Wir müssen rasch mit dem Übergang von einer »Ding«-orientierten Gesellschaft zu einer »Person«- 10 orientierten Gesellschaft beginnen. Wenn Maschinen und Computer, Profite und Besitzrechte für wichtiger gehalten werden als Menschen, ist es unmöglich, das riesige Trio von Rassismus, Materialismus und Militarismus zu besiegen. Eine Kultur kann ebenso leicht durch moralischen und seelischen Bankrott wie durch finanziellen Bankrott zusammenbrechen.

11 Das Gebot der Feindesliebe ist eine absolute Notwendigkeit, wenn wir überleben wollen. Liebe zum Feind ist der Schlüssel, um die Probleme unserer Welt zu lösen.

12 Mein Studium Gandhis überzeugte mich davon, daß wahrer Pazifismus nicht einfach Widerstandslosigkeit gegenüber dem Bösen ist, sondern Widerstand gegen Gewalt. Er ist eine mutige Konfrontation des Bösen mit der Macht der Liebe, in dem Glauben, daß es besser sei, Gewalttätigkeit hinzunehmen als selbst gewalttätig zu sein. Der Gewalttätige vermehrt nur die Gewalttätigkeit und Grausamkeit in der Welt, während der, der sie hinnimmt, ein Gefühl der Scham bei seinem Gegner wecken und dadurch eine Umwandlung und Änderung seines Herzens bewirken kann.

13
Gandhis Prinzip des Nicht-Verletzens entspricht der jüdisch-christlichen Lehre von der Heiligkeit eines jeden menschlichen Wesens.

14
Gott hat uns den Verstand zum Denken und den Körper zum Arbeiten gegeben. Er würde seine eigene Schöpfung verleugnen, wenn er uns gestattete, durch das Gebet zu erlangen, was durch Arbeit und Intelligenz erreicht werden kann. Das Gebet ist eine wunderbare Ergänzung unserer Mühen, aber es wäre ein gefährlicher Ersatz dafür.

15
Ich muß meiner Glaubensüberzeugung treu bleiben, mit allen Menschen zu den Kindern des lebendigen Gottes zu gehören. Diese Berufung zur Kindschaft und zur Brüderlichkeit geht über die Zugehörigkeit zu einer Rasse, einer Nation oder einer Glaubensgemeinschaft hinaus. Und weil ich glaube, daß dem Vater besonders die Leidenden, Hilflosen und Verachteten unter seinen Kindern am Herzen liegen, bin ich gekommen, um für sie zu sprechen.

16 Welche Berufskarriere du auch anstrebst – als Arzt, Rechtsanwalt oder Lehrer –, ich möchte dir vorschlagen, damit auch eine Berufung zu verfolgen: Werde ein hingebungsvoller Kämpfer für Bürgerrechte! Laß das einen wichtigen Teil deines Lebens sein. Mach eine Karriere in Menschlichkeit!

17 Die böse Tat eines Menschen drückt niemals sein ganzes Wesen aus.

18 Wer ein ungerechtes Gesetz brechen will, muß es offen, in brüderlicher Liebe tun und in der Bereitschaft, die Strafe dafür auf sich zu nehmen. Ich behaupte, daß die größte Hochachtung vor dem Gesetz zeigt, wer ein Gesetz bricht, das ihm vor seinem Gewissen ungerecht erscheint, und bereitwillig die Strafe auf sich nimmt und ins Gefängnis geht, um damit das Gewissen seiner Mitbürger wachzurütteln und ihnen die Augen für die Ungerechtigkeit dieses Gesetzes zu öffnen.

19

Wir müssen uns entscheiden: Wollen wir nach dem Trommelschlag des Konformismus weitermarschieren, oder wollen wir auf den Schlag einer anderen, ferneren Trommel hören und nach ihrem Takt ausschreiten?

20

Eigeninteresse ohne Interesse für andere ist wie ein Fluß, der keinen Zugang zum Meer hat. Stagnierend, unbewegt und abgestanden, fehlt es ihm an Leben und Frische.

21

Vor uns liegt die großartige Chance, eine neue Dimension der Liebe in die Adern unserer Zivilisation zu injizieren. Noch immer ist über die Jahrhunderte hinweg das Echo jener Stimme zu vernehmen, die da sagt: »Liebt eure Feinde. Segnet, die euch verfluchen. Betet für die, die euch verachten, damit ihr die Kinder eures Vaters seid.«

22

Immer wenn du für Wahrheit und Gerechtigkeit eintrittst, kannst du der Verachtung anheimfallen. Oft wird man dich einen unpraktischen Idealisten oder einen gefährlichen Radikalen nennen. Manchmal kann es bedeuten, ins Gefängnis zu kommen. Wenn das der Fall ist, dann beehre das Gefängnis mit deiner Gegenwart.

23 Jede Religion, die behauptet, sie kümmere sich um die Seelen der Menschen, und sich aber nicht um die Slums kümmert, in denen Menschen zugrundegehen, um die wirtschaftlichen Verhältnisse, die ihnen den Hals zuschnüren, und um die sozialen Verhältnisse, die sie lähmen – eine solche Religion ist eine saft- und kraftlose Religion. Solch eine Religion ist von der Art, wie Marxisten sie gern sehen würden: Opium des Volkes.

24 Wir haben gelernt, wie Vögel zu fliegen und wie Fische zu schwimmen, aber wir haben die einfache Kunst nicht erlernt, als Brüder zusammenzuleben.

25 Gewiß ist es unsere Verpflichtung, die Rolle des barmherzigen Samariters für alle diejenigen zu übernehmen, die am Wege liegengeblieben sind.

Aber das ist nur ein Anfang. Eines Tages müssen wir begreifen, daß die ganze Straße nach Jericho geändert werden muß, damit nicht fortwährend Männer und Frauen geschlagen und ausgeraubt werden, während sie sich auf ihrer Lebensreise befinden.

26

Die Worte eines Wandspruchs, der in der vergangenen Generation in vielen Häusern frommer Familien zu finden war, sollten in unsere Herzen eingegraben sein:

Die Furcht klopfte an die Tür.
Der Glaube antwortete.
Niemand trat ein.

27

Wer an Gewaltlosigkeit glaubt, hat einen tiefen Glauben an die Zukunft.

28

Die ungenutzten Fähigkeiten vieler Jugendlicher sind ein Beweis für das mangelhafte Interesse unserer Gesellschaft an der Gerechtigkeit und für ihre Neigung, menschliche Kräfte zu vergeuden.

29 Wenn die Kirche Jesu Christi ihre Kraft, ihre Botschaft und ihre Glaubwürdigkeit zurückgewinnen will, muß sie sich ausschließlich nach den Forderungen des Evangeliums richten.

30 Ich habe einen Traum, daß meine vier kleinen Kinder eines Tages in einer Nation leben werden, in der man sie nicht nach ihrer Hautfarbe, sondern nach ihrem Charakter beurteilen wird.

31 Man sollte im Leben an etwas glauben können, so leidenschaftlich glauben können, daß man ein Leben lang für diese Überzeugung eintreten kann. Mir ist es unmöglich zu glauben, daß Gott möchte, daß ich jemanden hasse.

1

In unserem religiösen Erbe ist die Überzeugung tief verwurzelt, daß jeder Mensch Erbe eines Vermächtnisses von Würde und Wert ist. Unsere jüdisch-christliche Tradition spricht von dieser angeborenen Würde des Menschen in dem biblischen Wort vom »Ebenbild Gottes«. Am »Ebenbild Gottes« haben alle Menschen in gleichem Maße teil. Es gibt keine Stufenleiter des Wertes.

2

Gesetz und Ordnung bestehen lediglich deswegen, um Gerechtigkeit durchzusetzen. Wenn sie diesen Zweck nicht erfüllen, erweisen sie sich als gefährliche Hindernisse, die den Strom des gesellschaftlichen Fortschritts aufhalten.

3

In jeder sozialen Revolution gibt es Zeiten, in denen die Rückenwinde des Triumphes und der Erfüllung uns begünstigen, und andere Zeiten, in denen starke Gegenwinde der Enttäuschung und der Rückschläge uns unerbittlich ins Gesicht blasen. Wir dürfen uns bei dieser Reise über den mächtigen Ozean des Lebens nicht von ungünstigen Winden überwältigen lassen. Wir müssen uns trotz der Winde von den Energien und Motoren unseres Mutes tragen lassen. Diese Weigerung, sich aufhalten zu lassen, dieser »Mut zum Sein«, diese Entschlossenheit, »trotzdem« weiterzumachen, ist der Echtheitsstempel jeder großen Bewegung.

4 Gandhi war wahrscheinlich der erste Mensch in der Geschichte, der Jesu Ethik der Liebe über die bloße Wechselwirkung zwischen einzelnen Menschen hinaus zu einer wirksamen sozialen Macht im großen Maßstab erhob.

5 Wir müssen einsehen, daß Frieden eine lieblichere Musik, eine kosmische Melodie bedeutet, die den Disharmonien des Krieges weit überlegen ist. Wir müssen das Wettrennen der Weltmächte um die Kernwaffen, das niemand gewinnen kann, in einen schöpferischen Wettbewerb verwandeln und das menschliche Genie für den Zweck nutzen, Frieden und Wohlstand für alle Nationen Wirklichkeit werden zu lassen. Kurz, wir müssen aus dem Rüstungs-Wettrennen ein »Friedens-Wettrennen« machen.

6 Nichts in unserer glitzernden Technologie vermag den Menschen zu neuen Höhen zu führen, weil

materielle Größe zu einem Ziel in sich selbst geworden ist. Und wo ein moralisches Ziel fehlt, da wird der Mensch in dem Maß immer unwichtiger, wie seine Leistungen an Bedeutung zunehmen. Gigantische Industrien und Verwaltungen, verflochten zu einem verwickelten, computergesteuerten Mechanismus, schließen den Menschen aus. Das Gefühl des Beteiligtseins geht verloren, das Gefühl, daß normale Menschen wichtige Entscheidungen beeinflussen, verschwindet, und der Mensch wird ausgestoßen und erniedrigt. Wenn aber der einzelne kein echter Teilhaber mehr ist, wenn er seiner Gesellschaft gegenüber keine Verantwortung mehr fühlt, dann verliert Demokratie ihren Sinn.

7

Wer nicht vergeben kann, kann auch nicht lieben.

8

Wir müssen der Gewalt mit Gewaltlosigkeit begegnen. Denkt an die Worte Jesu: »Wer das Schwert nimmt, wird durch das Schwert umkommen.« Jesus ruft uns auch heute über die Jahrhunderte hinweg zu: »Liebt eure Feinde! Segnet, die euch fluchen. Bittet für die, die euch beleidigen.«

Februar

9 Die Wohlhabenden und Gesicherten sind oft zu gleichgültig und blind gegen Armut und Entbehrung um sie herum. Die Armen in unseren Ländern sind aus unseren Gedanken verdrängt und aus der Mitte unserer Gesellschaften vertrieben worden, weil wir zugelassen haben, daß sie unsichtbar wurden.

10 Kein Mensch und keine Nation kann »groß« sein, wenn er bzw. sie kein Interesse an den »geringsten unter ihnen« hat.

11 Viele erschrecken bei einer Unterscheidung zwischen Eigentum und Person – für sie ist beides sakrosankt. Meine Sicht ist anders: Ein Leben ist heilig. Eigentum ist dazu da, dem Leben zu dienen, und so sehr wir es auch mit Rechten und Respekt umgeben, hat es doch kein persönliches Leben.

12 Wir müssen nicht die Uhr des wissenschaftlichen Fortschritts zurückdrehen. Aber unser moralisches und seelisches »Nachhinken« muß wettgemacht werden.

13

Kein Problem wird gelöst, wenn wir träge darauf warten, daß Gott allein sich darum kümmert.

14

Meiner Meinung nach muß es eine der Hauptaufgaben der Erziehung sein, die Menschen vor dem Morast der Propaganda zu bewahren. Aufgabe der Erziehung muß es sein, zu lehren, wie man gründlich und kritisch denken lernt.

15

Der Mensch lebt nicht vom Brot des Farbfernsehers allein, sondern von einem jeglichen Wort der Liebe, der Gerechtigkeit und der Wahrheit, »von einem jeglichen Wort, das aus dem Munde Gottes kommt«.

16

Seit undenklichen Zeiten haben die Menschen nach dem Grundsatz gelebt: »Selbsterhaltung ist das oberste Gesetz des Lebens.« Aber das ist eine falsche Vorstellung. Ich bin der Meinung, daß die Erhaltung des anderen das oberste Gesetz des Lebens ist. Sie ist das oberste Gesetz des Lebens gerade, weil wir uns selbst nicht erhalten können, ohne uns um die Erhaltung von anderen zu kümmern.

17 Wahre Größe kann jeder erlangen. Denn jeder Mensch kann dienen. Man braucht keinen Hochschulabschluß, um dienen zu können. Es ist nicht einmal notwendig, daß du deine Sprache fehlerfrei beherrschst, um dienen zu können. Das einzige, was du brauchst, ist ein Herz voll Güte. Und eine Seele, die von Liebe getragen ist.

18 Ein ungerechtes System passiv hinzunehmen, heißt, mit ihm zusammenzuarbeiten. Dadurch werden die Unterdrückten genauso schlecht wie die Unterdrücker. Nicht-Zusammenarbeit mit dem Bösen ist eine ebenso große moralische Pflicht wie Zusammenarbeit mit dem Guten.

19 Die Welt ist so beschaffen, daß es zu keinem guten Ende führt, wenn Menschen den Lebensbereich des anderen vernachlässigen. Das »Ich« kann ohne das »Du« keine Erfüllung finden.

20 Unsere Generation wird eines Tages nicht nur die ätzenden Worte und schlimmen Taten der

schlechten Menschen zu bereuen haben, sondern auch das furchtbare Schweigen der guten.

21

Konflikte können nie ohne vertrauensvolles Geben und Nehmen von beiden Seiten gelöst werden.

22

Eine echte Revolution der Werte bedeutet letzten Endes, daß unsere Treue der Ökumene und nicht mehr nur einem Teil von ihr gelten muß. Alle Nationen müssen jetzt eine alles beherrschende Treue zur ganzen Menschheit entwickeln, um das Beste ihrer jeweiligen Gesellschaften zu erhalten. Dieser Aufruf zu einer weltweiten Gemeinschaft, die den Sinn für gute Nachbarschaft über den eigenen Stamm, die Rasse, die Klasse und die Nation ausdehnt, ist in Wirklichkeit ein Aufruf zu einer allumfassenden, bedingungslosen Liebe zu allen Menschen. Diese oft mißverstandene und falsch interpretierte Idee ist jetzt eine unbedingte Notwendigkeit für das Überleben der Menschheit. Wenn ich von Liebe spreche, so spreche ich von jener Kraft, die alle großen Religionen als oberstes Lebensprinzip erkannt haben.

23 Was wir auch gelernt haben: die Notwendigkeit der Gruppenaktion in unserem öffentlichen Leben. Die Tage der nur persönlichen Frömmigkeit sind längst vorüber.

24 Gruppenaktionen, Massenaktionen in allen öffentlichen Bereichen von Politik und Wirtschaft sind die einzigen Möglichkeiten, mit denen wir hoffen können, den ungeheuren Kräften unserer Zeit zu begegnen.

25 Die meisten Menschen, und ganz besonders Christen, sind Thermometer. Sie zeigen die Temperatur der Mehrheitsmeinung an. Aber sie sind keine Thermostaten. Sie ändern und regeln die Temperatur der Gesellschaft nicht.

26 Es ist nicht falsch, über »lange weiße Gewänder dort drüben« zu reden, dies Symbol hat seine Berechtigung. Aber letztlich wollen die Menschen Kleider und Schuhe hier unten auf der Erde tragen. Es ist nicht falsch, über Straßen zu reden, in denen

Milch und Honig fließt, aber Gott hat uns befohlen, uns um die Slums hier unten zu sorgen, und um seine Kinder, die nicht einmal drei ausreichende Mahlzeiten pro Tag erhalten.

27

Jede Gesellschaft hat ihre Beschützer des Status quo und ihre Bruderschaft der Gleichgültigen. Aber heute hängt unser Überleben selbst von unserer Fähigkeit ab, wachsam zu sein und uns der Aufforderung zum Wandel zu stellen.

28

Die Hoffnung der Welt liegt immer noch bei den begeisterten Minderheiten. Die Bahnbrecher der menschlichen, akademischen, wissenschaftlichen und religiösen Freiheit gehörten immer Minderheiten an.

März

1 Manchmal ist das Leben hart wie Tiegelgußstahl. Es hat seine trostlosen und schmerzlichen Momente. Wie die Wasser eines Flusses hat das Leben seine Zeiten der Trockenheit und seine Zeiten der Überschwemmung. Wie der ständig wechselnde Kreislauf der Jahreszeiten hat das Leben die wohltuende Wärme seiner Sommer und die stechende Kälte seiner Winter. Aber durch all diese Zeiten hindurch geht Gott mit uns.

2 Ich weiß aus eigener Erfahrung, daß ich während des Busboykotts in Montgomery ängstlicher war, als ich ein Gewehr im Hause hatte. Als ich zu der Ansicht kam, als Vertreter der Gewaltlosigkeit könne ich kein Gewehr besitzen, mußte ich mich direkt mit dem Problem des Todes auseinandersetzen, und ich tat es. Von jenem Zeitpunkt an benötigte ich kein Gewehr; ich hatte auch keine Angst mehr. Letztlich muß das Gefühl der eigenen Stärke von innen kommen.

3 Es ist falsch, einen einzelnen aufzufordern, seinen Kampf um verfassungsmäßige Grundrechte aufzugeben, weil dieser Kampf Gewalttätigkeiten auslösen

kann. Die Gesellschaft muß den Räuber bestrafen und seinem Opfer Schutz angedeihen lassen.

4

Unser Leben leidet oft an zu hohem Bekenntnis-Blutdruck bei gleichzeitiger Taten-Blutarmut.

5

Als ich weiter darüber nachdachte, erfüllte es mich mit einer gewissen Genugtuung, ein Extremist genannt zu werden. War nicht Jesus ein Extremist der Liebe? »Liebt eure Feinde; segnet, die euch fluchen; tut wohl denen, die euch hassen.« War nicht Amos ein Extremist der Gerechtigkeit? »Es soll aber das Recht offenbart werden wie Wasser und die Gerechtigkeit wie ein starker Strom.« Es geht also nicht darum, ob wir Extremisten sind, sondern welche Art von Extremisten wir sind. Sind wir Extremisten des Hasses oder der Liebe?

6

Gewaltloser Widerstand will den Gegner nicht vernichten oder demütigen. Das Ziel ist Aussöhnung. Die Frucht gewaltlosen Widerstands ist neue echte Gemeinschaft.

7 Wir Reichen werden einmal vor der Frage stehen, die Eichmann beharrlich ignoriert hat: Wie sehr bin ich für das Wohlergehen meiner Mitmenschen verantwortlich? Wer das Böse ignoriert, macht sich zu seinem Komplizen.

8 In erster Linie schuldet ihr Gott Treue, nicht Sitten und Gebräuchen, dem Staat, der Nation oder irgendwelchen von Menschen geschaffenen Einrichtungen. Wenn irdische Regeln oder Gewohnheiten im Widerspruch zum Willen Gottes stehen, so ist es eure Pflicht, sich ihnen zu widersetzen. Ihr sollt das Salz der Erde sein und das Licht der Welt.

9 Es genügt nicht zu sagen: »Wir dürfen keine Kriege führen.« Wir müssen bereit sein, den Frieden zu lieben und für ihn Opfer zu bringen.

10 Jeder Mensch muß geachtet werden, weil Gott ihn liebt. Der Wert des einzelnen liegt nicht in der Kraft seines Intellekts, seiner rassischen Herkunft oder seiner sozialen Stellung. Der Wert des Men-

schen liegt in seiner Beziehung zu Gott. Der einzelne hat Wert, weil er für Gott Wert hat. Wann immer das erkannt wird, verschwinden »schwarz« und »weiß« als bestimmende Faktoren.

11

Meine persönlichen Erfahrungen haben mich den Wert unverdienten Leidens erkennen lassen. Als meine Bedrängnisse zunahmen, merkte ich, daß es zwei Möglichkeiten gab, mit meiner Lage fertig zu werden. Ich konnte mit Bitterkeit darauf reagieren oder versuchen, das Leiden in schöpferische Kraft zu verwandeln. Ich entschloß mich zum zweiten Weg.

12

Man kann in seiner Selbstverleugnung selbstsüchtig und in seiner Selbstaufopferung selbstgerecht sein.

13

Eine Stimme klingt durch die Jahrhunderte und ruft jedem unbeherrschten Petrus zu: »Stecke dein Schwert in die Scheide!« Die Geschichte zeugt vom ständigen Schiffbruch der Völker, die diesem Befehl Christi nicht folgten.

März

14 Die Vergötterung des Großen hat dazu geführt, daß viele fürchten, mit den Ideen einer Minderheit identifiziert zu werden.

15 Wenn wir vergeben, bedeutet das nicht, daß wir so tun, als wäre nichts geschehen, oder daß wir eine böse Tat nicht mehr beim Namen nennen. Vielmehr bedeutet es, daß eine böse Tat nicht mehr eine Barriere für eine Beziehung bleibt. Vergebung ist ein Katalysator, der die notwendige Atmosphäre für einen neuen Anfang schafft.

16 Freiheit wird nicht geschenkt, sie wird errungen.

17 Gott hat uns seine Hilfe versprochen, wenn wir das Böse aus unserem Leben vertreiben und versuchen wollen, wahre Kinder seines Willens zu werden.

18 Eine Nation, die seit Jahren mehr Geld für militärische Verteidigung als für den Ausbau sozialer

Reformen ausgibt, gerät in die Nähe des geistlichen Todes.

Das Christentum ist ein Protest gegen die 19
unfaire Behandlung der Armen, der nirgends besser zum Ausdruck kommt als in den Worten von Jesaja 61,1, die Jesus anführte: »Der Geist des Herrn ist auf mir, weil er mich gesalbt hat, den Armen das Evangelium zu verkünden; er hat mich gesandt, zu predigen den Gefangenen, daß sie los sein sollen, und den Blinden, daß sie sehend werden, und den Zerschlagenen, daß sie frei sein sollen.«

Der Gerechte ist in seiner Niederlage stärker 20
als der Böse in seinem Triumph.

Wenn böse Menschen sich verschwören, müssen 21
gute Menschen planen. Wenn böse Menschen Feuer legen und Bomben werfen, müssen gute Menschen aufbauen und zusammenfügen. Wenn böse Menschen häßliche Worte voller Haß schreien, müssen gute Menschen sich den Schönheiten der

Liebe anvertrauen. Wenn böse Menschen sich bemühen, eine ungerechte Ordnung zu erhalten, müssen gute Menschen sich bemühen, eine auf Gerechtigkeit basierende Gesellschaft herbeizuführen.

22 Wer ein ungerechtes System duldet, unterstützt dieses System und trägt zu seiner Ungerechtigkeit bei.

23 Ich habe die letzten Jahre in der Überzeugung gelebt, daß unverdientes Leiden erlösende Kraft hat.

24 Es ist kein Zeichen von Schwäche, sondern ein Zeichen großer Reife, sich auf die Ebene der Selbstkritik zu begeben.

25 Wir werden das Kreuz auf uns nehmen, denn wir müssen das tun, um zu überleben und unseren Kindern zu ermöglichen, in einer Welt zu leben, die nicht vom krebsartigen Geschwür des Rassen- und Klassenproblems geplagt ist.

26

Ein starker Glaube ist kein feilschender Glaube. Er ist kein Glaube, der sagt: »Wenn ... – dann ...«, sondern: »dennoch«. Die großen Erfahrungen des Lebens sind nie »wenn – dann«-Erfahrungen, sie ähneln nicht Erfahrungen bei Geschäften, sie sind »dennoch«-Erfahrungen.

27

Ich bin entschlossen, in bezug auf Gewaltlosigkeit bei meiner Einstellung zu bleiben. Ich werde gewaltlos sein, weil ich darin die Antwort auf die Probleme der Menschheit sehe. Ich werde nicht mit der Realität feilschen, sondern »dennoch« bei Gewaltlosigkeit bleiben.

28

Ich hatte nie die Absicht, mich an das Übel der Rassendiskriminierung anzupassen. Ich hatte nie die Absicht, mich an religiöse Frömmelei anzupassen. Ich hatte nie die Absicht, mich an wirtschaftliche Verhältnisse anzupassen, in denen vielen das Notwendigste vorenthalten wird, um wenigen Luxus zu ermöglichen. Ich hatte nie die Absicht, mich an den Irrsinn des Militarismus und die selbstzerstörerische Wirkung physischer Gewalt anzupassen. Ich rufe alle Menschen guten Willens auf, nicht-angepaßt zu sein, weil es sehr wohl sein könnte, daß die Rettung unserer Welt in den Händen der Nicht-Angepaßten liegt.

29 Ich muß gestehen, daß ich manchmal versucht war, mich in ein ruhigeres und beschaulicheres Leben zurückzuziehen. Aber jedesmal, wenn eine solche Versuchung sich zeigte, erschien etwas, das meine Entschlossenheit stärkte und aufrechterhielt. Ich habe inzwischen gelernt, daß die Last des Herrn gerade dann leicht ist, wenn wir sein Joch auf uns nehmen.

30 Das große Problem, dem wir uns heute gegenübersehen, ist, daß wir zugelassen haben, daß die Mittel, mit deren Hilfe wir leben, die Ziele, für die wir leben, überholt haben. Wir haben zugelassen, daß unsere Zivilisation unserer Kultur wegläuft. Und deshalb stehen wir in der Gefahr, am Ende mit ferngelenkten Raketen in der Hand fehlgelenkter Menschen dazustehen.

31 Gott kann einen Weg bahnen, wo kein Weg ist. Er kann ein dunkles Gestern in ein helles Morgen

verwandeln. Darauf gründet sich unsere Hoffnung, bessere Menschen zu werden, und unser Auftrag, eine bessere Welt zu schaffen.

April

1 Wir betrachten die Menschen als Juden oder Heiden, Katholiken oder Protestanten, Chinesen oder Amerikaner, Schwarze oder Weiße. Aber wir denken nicht an sie als an Mitmenschen, die aus demselben Stoff erschaffen und nach demselben göttlichen Bild geformt sind. Der barmherzige Samariter aber wird uns immer ermahnen, die Schleier der Engstirnigkeit von unseren Augen zu reißen und im Menschen den Menschen zu sehen.

2 Generationen werden kommen und gehen, die Menschen werden weiter den Gott der Rache anbeten und sich vor dem Altar der Vergeltung neigen. Aber immer wieder wird Jesu Gebet am Kreuz uns sagen, daß nur das Gute das Böse vertreiben, daß nur die Liebe den Haß bezwingen kann.

3 Wie jeder andere würde ich gern lange leben. Ein langes Leben hat seinen Wert. Aber darum bin ich nicht besorgt. Ich möchte nur Gottes Willen tun.

4 Wenn ihr sagen wollt, daß ich wie ein Tambourmajor vorausging, dann sagt, daß ich ein Tambourmajor für Gerechtigkeit war; daß ich ein Tambourmajor für Frieden war; daß ich ein Tambourmajor für Rechtschaffenheit war. Alles andere ist unwichtig.

5

Männer und Frauen sind Christus aus zwei ganz unterschiedlichen Motiven gefolgt. Es gibt die ästhetische Antwort auf Christus, die mit der Schönheit des Gottesdienstes verbunden ist, mit den bewegenden Hymnen und Zeremonien, die die Kirche um sein Leben geschaffen hat. Und es gibt die ethische Antwort, die erfolgt, wenn man seine Lehren und sein ethisches Beispiel ernstnimmt und eine persönliche Verpflichtung empfindet, seinem Beispiel zu folgen. Zu oft haben Menschen auf Christus gefühlsmäßig geantwortet. Die Vorstellung von einem persönlichen Erlöser, der für uns gestorben ist, ist sehr ansprechend. Aber oft neigen Christen dazu, den auferstandenen Christus zu sehen und den Menschen Jesus zu übersehen, der sein Gesicht nach Jerusalem wandte und lieber bewußt die Kreuzigung auf sich nahm, als Gottes Willen zu verneinen.

6

Es gibt manche, die immer noch im Kreuz einen Stolperstein sehen, und andere, die in ihm eine

Torheit sehen. Doch ich bin mehr denn je davon überzeugt, daß es die Kraft Gottes zur Rettung der Gesellschaft und des einzelnen ist.

7 Wahrer Friede ist nicht bloß die Abwesenheit einer negativen Kraft – Spannung, Verwirrung oder Krieg. Er ist die Gegenwart einer positiven Kraft – Gerechtigkeit, guter Wille und Brüderlichkeit.

8 Der Mensch ist ein Sünder und braucht Gottes vergebende Gnade. Das ist nicht tödlicher Pessimismus – das ist christlicher Realismus.

9 Wir müssen das Kreuz Jesu als das wunderbare Symbol der Liebe sehen, die den Haß überwindet, als das Zeichen des Lichts, das die Dunkelheit vertreibt.

10 Golgatha ist ein Teleskop, durch das wir in die Ewigkeit blicken und die Liebe Gottes in die Zeit einbrechen sehen.

11
Das Kreuz ist das ewige Zeichen dafür, wie weit Gott gehen will, um eine zerbrochene Gemeinschaft wiederherzustellen. Die Auferstehung ist ein Symbol des Sieges Gottes über all die Mächte, die Gemeinschaft zu verhindern suchen.

12
Für diejenigen unter uns, die den Namen Jesu Christi anrufen, steht im Zentrum des Glaubens die Erinnerung, daß Gott auf der Seite von Wahrheit und Gerechtigkeit ist. Karfreitag mag für kurze Zeit den Thron besetzt halten, aber letztlich muß er den Weg freimachen für den Triumph von Ostern. Das Böse mag dazu führen, daß Cäsar einen Palast bewohnt und Christus am Kreuz hängt. Aber eben dieser Christus ist auferstanden und hat die Geschichte in eine Zeit nach Christus und eine Zeit vor Christus geteilt, so daß selbst die Lebenszeit Cäsars nach Christi Namen datiert werden muß.

13
Ostern ist die ewige Erinnerung an die Tatsache, daß die Erde, auf der die Wahrheit unterdrückt wurde, sich wieder erheben wird. Ostern gibt Carlyle recht, wenn er sagt: »Keine Lüge kann ewig leben.«

14 Es gab Tage, wo wir durch Wasser der Verzweiflung hindurch mußten. Aber trotz allem sind wir vorwärtsgegangen in dem Glauben, daß, wenn wir kämpfen, Gott mit uns kämpft und daß letzten Endes die Gerechtigkeit siegen wird. Wir haben in der Qual und Finsternis des Karfreitags gelebt, fest davon überzeugt, daß eines Tages der helle Sonnenglanz der Ostersonne am Horizont aufleuchten würde. Wir haben erlebt, daß die Wahrheit gekreuzigt und die Güte begraben wurde, aber wir sind vorwärtsgegangen in der Zuversicht, daß die Wahrheit, die zu Boden getreten wurde, wiederauferstehen wird.

15 Wenn man Haß mit Haß vergilt, wird sich das Böse in der Welt nur vermehren. Wir müssen den Mächten des Hasses mit der Macht der Liebe entgegentreten. Wir müssen physischer Kraft mit seelischer Kraft begegnen.

16 In unserer Gesellschaft ist es psychologischer Mord, einem Menschen Arbeit oder Einkommen vorzuenthalten. Man sagt ihm dabei im Grunde nichts anderes als: er habe kein Recht zu existieren.

Heute werden Millionen von Menschen auf diese Art stranguliert. Das Problem hat internationale Ausmaße.

17

Die Menschheitsgeschichte ist die lange und tragische Geschichte der Tatsache, daß Privilegierte ihre Privilegien selten freiwillig aufgeben. Der einzelne mag vielleicht das moralisch Richtige erkennen und freiwillig seine ungerechte Einstellung aufgeben, aber eine Gruppe von Menschen besitzt oft weniger moralisches Empfinden als ein einzelner.

18

Der Geist der Freiheit ist nicht begraben im Grab des Tapferen.

19

Wir können jene jungen Männer und Frauen, die den Glauben an die Kirche verloren haben, zu der Erkenntnis führen, daß Jesus gerade darum ein ernstzunehmender Mensch war, weil er sich der Bitternis des Menschlichen im Schein des Göttlichen aussetzte und sich um die Nöte der Menschen sorgte.

April

20 Das Schöne und Gute an der Gewaltlosigkeit ist, daß sie auf ihre Weise und zu ihrer Zeit die Kettenreaktion des Bösen zu unterbrechen sucht.

21 Natürlich könntet ihr sagen: »Im Leben kann keiner dem anderen etwas schenken; man muß zurückschlagen; jeder kämpft gegen jeden.« Ich kann darauf nur antworten, daß die Menschheit dem sogenannten praktischen Weg nun schon lange Zeit gefolgt ist, und das hat nur tiefer in Verwirrung und Chaos geführt.

22 Wir müssen unseren Geist ebensosehr für den Frieden anstrengen, wie wir ihn für den Krieg angestrengt haben.

23 Wollen wir Gott und seine Absichten mit der Menschheit erkennen, so müssen wir uns an Jesus Christus halten.

24 Immer wieder vertraten Menschen die Ansicht, es sei unmöglich, moralische Ziele mit moralischen

Mitteln zu erreichen. Wir haben erkannt, daß das Ziel sich schon in den Mitteln zeigt. Letztendlich kann man in der Geschichte mit destruktiven Mitteln keine konstruktiven Ziele erreichen.

Wir sind ewige Schuldner bekannter und unbekannter Männer und Frauen. Wenn wir morgens aufstehen, gehen wir in das Badezimmer und nehmen einen Schwamm, der uns von einem Bewohner der pazifischen Inseln gegeben wurde. Wir nehmen die Seife, die von einem Europäer für uns gemacht wurde. Dann trinken wir einen Kaffee, der uns von einem Südamerikaner, oder den Tee, der uns von einem Chinesen, oder den Kakao, der uns von einem Westafrikaner gegeben wurde. Ehe wir zur Arbeit gehen, sind wir schon mehr als der halben Welt verpflichtet. 25

Unbewaffnete Liebe ist die stärkste Macht der Welt. 26

Wenn wir wirklich einen Schritt weiterkommen wollen, müssen wir damit anfangen, die Mensch- 27 heit aus der langen und trostlosen Nacht der Gewalt herauszuführen. Könnte es nicht sein, daß der neue Mensch, den die Welt braucht, der gewaltlose Mensch ist?

28 Nicht dann ist Frieden, wenn man nichts von Spannungen merkt, sondern dann, wenn Gerechtigkeit herrscht.

29 In jeder wirklichkeitsnahen Lehre vom Menschen muß die Sorge um sein körperliches und materielles Wohlbefinden eine Rolle spielen. Christus hat wohl gesagt, der Mensch lebe nicht vom Brot allein, aber damit wollte er nicht sagen, daß der Mensch ohne Brot leben könne.

30 Ich glaube, daß unbewaffnete Wahrheit und bedingungslose Liebe wirklich das letzte Wort haben werden. Denn das Recht, auch wenn es vorübergehend entkräftet ist, ist letztlich stärker als das triumphierende Böse.

Bei einer echten Revolution der Werte wird man 1
mit Unbehagen den schreienden Gegensatz von Armut und Reichtum sehen. Mit berechtigter Empörung wird man sehen, daß Tausende von Arbeitern durch die Automation aus ihren Stellungen verdrängt sind und nun kleinere Einkommen haben, während die Gewinne der Arbeitgeber unberührt bleiben, und wird sagen: »Das ist nicht gerecht!«

Automatisierung kann dazu genutzt werden, 2
unermeßlichen Reichtum für Menschen zu schaffen oder unermeßliche Armut für Millionen, weil menschenähnliche Maschinen als Nebenprodukt maschinellen Schrotts »menschlichen Schrott« hervorbringen. Unsere Gesellschaft mit ihrer Fähigkeit, maschinelle Wunder zu vollbringen, hat auch die Fähigkeit, einige Wunder für die Menschen zu bewirken – wenn sie Menschen so hoch schätzt, wie sie Maschinen schätzt.

Der Tod ist nicht das größte Übel; viel schwerer 3
wiegt es, außerhalb der Liebe Gottes zu stehen. Wir brauchen nicht am Wettlauf in einen irdischen Atombunker teilzunehmen. Gott ist unser ewiger Schutz.

Mai

4 Gewalt bringt vergängliche Siege. Gewalt hat mehr soziale Probleme zur Folge, als sie löst, und schafft niemals dauerhaften Frieden.

5 Wir müssen leidenschaftlich und unermüdlich daran arbeiten, die Kluft zwischen unserem wissenschaftlichen und unserem moralischen Fortschritt zu überbrücken.

6 Ohne Liebe wird Mildtätigkeit zum Egoismus, Märtyrertum zu geistlicher Überheblichkeit.

7 Ich bin überzeugt, daß jede Religion, die angeblich um die Seelen der Menschen besorgt ist, sich aber nicht um die sozialen und wirtschaftlichen Verhältnisse kümmert, geistlich gesehen schon vom Tod gezeichnet ist und nur auf den Tag ihres Begräbnisses wartet. Man hat mit Recht gesagt: »Eine Religion, die beim Individuum endet, ist am Ende.«

Der Liberale muß unbedingt einsehen, daß der 8
Unterdrückte, der für sein Recht kämpft, nicht der Urheber der Spannung ist. Er bringt nur die verborgene Spannung, die schon vorhanden ist, an die Oberfläche.

Mut akzeptiert die Furcht und überwindet sie 9
dadurch. Feigheit verdrängt die Furcht und wird doch von ihr beherrscht. Wir müssen immer wieder Dämme des Mutes bauen, um die Flut der Furcht zurückzuhalten.

Millionen von Dollars sind in die afrikanische 10
Mission geschickt worden von Menschen, die lieber sterben würden, als einen Neger in ihre Kirchengemeinde aufzunehmen.

Wenn ich von Integration spreche, dann meine 11
ich keine romantische Mischung von Farben, sondern eine wirkliche Aufteilung von Macht und Verantwortung.

12 Menschenwürde wird durch Armut untergraben, ganz gleich, wie romantisch wir die einfachen Menschen mit schlichter Grazie und Charme ausstatten.

13 Manchmal begünstigt uns im Leben der starke Rückenwind der Freude, des Sieges und der erreichten Ziele. Und manchmal bläst uns der Wind der Enttäuschung, der Sorge und der Not scharf entgegen. Wollen wir diesen Winden erlauben, uns auf dem Flug über den Ozean unseres Lebens zu bezwingen? Unsere Weigerung, uns aufhalten zu lassen, unser Trotzdem, unsere Entschlossenheit, gegen alle Widerstände vorwärts zu gehen, sind Zeichen des göttlichen Bildes in uns.

14 Der gegenwärtige Zustand der Welt erlaubt uns nicht den Luxus einer blutarmen Demokratie.

15 Die Armut ist nichts Neues. Neu ist, daß wir jetzt die nötigen Mittel haben, sie zu beseitigen.

16

Alles Leben steht miteinander in Beziehung. Wir sind in einem unentrinnbaren Netz gegenseitiger Verpflichtung gefangen; zusammengebunden in einem einzigen Gewand des Schicksals. Was auch immer einen direkt betrifft, betrifft indirekt alle.

17

Das Wichtige am Menschen ist nicht »das spezifische Detail, sondern das Grundsätzliche«, ist nicht die Beschaffenheit seiner Haare oder die Farbe seiner Haut, sondern sein ewiger Wert bei Gott.

18

Diejenigen, die für die Durchsetzung von Bürgerrechten arbeiten, arbeiten auch für den Frieden.

19

Gewaltloses Vorgehen verändert nicht unmittelbar das Herz des Gegners. Zunächst wirkt es in den Herzen und Seelen derer, die sich zu ihm bekennen. Es gibt ihnen neue Selbstachtung, neue Kraft und neuen Mut – Eigenschaften, die sie nicht in sich erahnten.

20 Lauwarme Anerkennung ist irreführender als völlige Ablehnung.

21 Auch wenn das Reich Gottes jetzt noch nicht überall Wirklichkeit ist, so kann es gegenwärtig schon in so vereinzelten Formen existieren wie in persönlicher Aufopferung und manchem Gruppenleben. »Das Reich Gottes ist mitten unter euch.«

22 Es gibt soviel Enttäuschung auf der Welt, weil wir uns auf Götter, aber nicht auf Gott verlassen haben. Wir sind vor dem Gott der Wissenschaft niedergekniet, nur um zu merken, daß er uns die Atombombe bescherte, die Furcht und Schrecken verbreitet, die keine Wissenschaft wieder von uns nehmen kann. Wir haben uns vor dem Gott des Geldes verbeugt und schließlich gemerkt, daß es Dinge wie Liebe und Freundschaft gibt, die mit Geld nicht zu kaufen sind.

23 Nonkonformismus braucht nicht immer gut zu sein. Nonkonformismus ist erst dann schöpferisch, wenn er von einem veränderten Leben kontrolliert und geleitet wird; er ist schöpferisch, wenn er sich

mit einer neuen Art verbindet, die Welt zu betrachten. Wenn wir unser Leben für Gott öffnen, werden wir neue Geschöpfe.

24

Als Christen dürfen wir nicht nur an himmlische Wohnungen denken, wir müssen auch an die Elendsviertel und Ghettos denken, in denen die menschliche Seele verkrüppelt.

25

Es ist ein charakteristisches Kennzeichen des gewaltlosen Widerstandes, daß er den Gegner nicht vernichten oder demütigen, sondern seine Freundschaft und sein Verständnis gewinnen will.

26

Wir müssen ernsthaft um Frieden beten, aber wir müssen ebenso ernsthaft für Abrüstung und ein Ende der Kernwaffenversuche eintreten.

27

Wer das Böse ohne Widerspruch hinnimmt, arbeitet in Wirklichkeit mit ihm zusammen.

Mai

28 Wir haben heute noch die Wahl: Gewaltlose Koexistenz oder gewaltsame Vernichtung aller. Dies kann sehr wohl die letzte Chance der Menschheit sein, zwischen dem Chaos und der Gemeinschaft zu wählen.

29 Es gibt Kriege, in denen Menschen Kriegsdienstverweigerer aus Gewissensgründen sein sollten. Aber es gibt auch Kriege, in denen wir keine Kriegsdienstverweigerer sein dürfen: Doch allzu viele Menschen versuchen, den Dienst im Krieg gegen die Armut zu verweigern.

30 Es ist noch nicht zu spät zum Handeln. Jede Krise hat ihre Gefahren und ihre Chancen. Sie kann Verderben oder Rettung bedeuten.

31 Der Heilige Geist ist jene Realität im Verlauf der Geschichte, die immer wieder Gemeinschaft bewirkt. Wer gegen die Gemeinschaft handelt, handelt gegen die ganze Schöpfung.

1
Die Kirche unserer Zeit ist oft nur eine schwache, wirkungslose und unsicher klingende Stimme. Nur zu oft ist sie der stützende Pfeiler des Status quo. Weit davon entfernt, durch die Gegenwart der Kirche gestört zu sein, fühlen sich die Machthaber in den meisten unserer Städte noch bestärkt durch ihre schweigende und oft sogar laut ausgesprochene Sanktionierung der bestehenden Zustände. Aber das Gericht Gottes ist über der Kirche wie nie zuvor. Wenn sie den heiligen Geist, der die frühe Kirche beseelte, nicht wiedergewinnen kann, wird sie ihre Glaubwürdigkeit verlieren, die Treue von Millionen von Gläubigen verwirken und als ein für das 20. Jahrhundert bedeutungsloser geselliger Verein abgetan werden.

2
Es genügt nicht, wenn Menschen empört sind. Die wichtigste Aufgabe ist es, Menschen zu organisieren und zu einen, damit die Empörung zu einer verwandelnden Kraft wird.

3
Einem Individuum die Freiheit zu verweigern, heißt, ihm das Leben selbst zu verweigern.

Juni

4 Ich mag straucheln, aber ich bin völlig sicher in dem Wissen, daß Gott uns liebt. Er hat unser Scheitern nicht geplant. Die Vergangenheit ist übersät mit den Ruinen der Tyrannenreiche, und jedes dieser Reiche dokumentiert nicht nur die Fehler des Menschen, sondern auch seine Fähigkeit, sie zu überwinden.

5 Um Gerechtigkeit zu erreichen, ist Gewalt ein unmoralischer und unbrauchbarer Weg. Sie ist unbrauchbar, weil sie ein vernichtender Strudel ist, in dem schließlich alle umkommen werden. Das alte Gesetz »Auge um Auge« hinterläßt nur Blinde.

6 Der wissenschaftliche Genius und die technische Erfindungsgabe des Menschen haben Entfernungen zusammenschrumpfen lassen und die Zeit an Ketten gelegt. Mit unserem wissenschaftlichen Genius haben wir aus dieser Welt eine Nachbarschaft gemacht. Jetzt müssen wir durch unsere moralische und geistige Entwicklung eine brüderliche Gemeinschaft aus ihr machen.

Es ist unsere Aufgabe, für die Schwachen zu sprechen, für die, die keine Stimme haben, für die Opfer unserer Nation, für die, die sie Feinde nennt, denn keine von Menschen angefertigte Erklärung kann diese zu weniger machen als zu unseren Brüdern. 7

Steigende Kirchenmitgliederzahlen bedeuten keineswegs notwendig eine gesteigerte Bereitschaft, Jesus Christus nachzufolgen. 8

Ich weigere mich, die zynische Meinung zu übernehmen, eine Nation nach der andern müsse die Wendeltreppe der Rüstungsspirale hinabsteigen bis in die Hölle thermonuklearer Vernichtung. Ich glaube, daß unbewaffnete Wahrheit und bedingungslose Liebe das letzte Wort in der Wirklichkeit haben werden. 9

Wir müssen die Fähigkeit zur Vergebung entwickeln und fördern. Wer nicht in der Lage ist zu verzeihen, der ist auch unfähig zu lieben. Auch im Schlechtesten von uns steckt etwas Gutes – und et- 10 was Böses auch im Besten von uns. Wenn wir das anerkennen, sind wir weniger versucht, unsere Feinde zu hassen.

11 Ich möchte lieber ein Mann der Überzeugung als ein Mann des Konformismus sein. Manchmal kommt man im Leben zu einer so kostbaren und sinnvollen Überzeugung, daß man bis ans Ende bei ihr bleibt. Ich habe sie in der Idee der Gewaltlosigkeit gefunden.

12 Die Welt, in der wir leben, ist geographisch bereits eine Einheit, und wir sind jetzt herausgefordert, sie auch geistig zu einer Einheit zu machen.

13 Eines Tages müssen wir einsehen, daß der Frieden nicht nur ein fernes Ziel ist, das wir erstreben, sondern ein Mittel, durch das wir zu diesem Ziel gelangen. Wie lange müssen wir noch Krieg führen, bis wir die traurigen Plädoyers der unzähligen Toten und Krüppel früherer Kriege beachten?

14 Vielen Christen bedeutet das Christentum eine Sonntagsbeschäftigung, die schon am Montag vergessen ist. Die Kirche ist ihnen wenig mehr als ein Club mit religiösem Firnis. Jesus wird zum Symbol. Sie nennen ihn zwar ihren Herrn, lassen seine Herrschaft aber nicht in ihrem Leben sichtbar werden.

15 Die politischen Führer der Nationen lassen zum Sammeln für den Frieden blasen, aber sie kommen zum Friedenstisch begleitet von Räuberbanden mit blanker Waffe.

16 Gewaltlose lästige Außenseiter lösen in der Gesellschaft jene Spannung aus, welche die Menschen befähigen wird, aus den dunklen Niederungen des Vorurteils und des Rassismus zu den hellen Höhen gegenseitigen Verständnisses und echter Brüderlichkeit aufzusteigen.

17 In der christlichen Ethik geht es letztlich darum, daß jeder Mensch geachtet werden muß, weil Gott ihn liebt.

Juni

18 Wir geben Millionen Dollar für die Lagerung überschüssiger Lebensmittel aus. Ich weiß, wo wir diese Lebensmittel kostenlos lagern könnten: in den faltigen Mägen von Millionen von Menschen, die abends hungrig zu Bett gehen. Es könnte ja sein, daß wir zuviel von unserem nationalen Haushalt dafür ausgeben, Militärstützpunkte zu bauen anstatt Stützpunkte echter Anteilnahme und echten Verstehens.

19 Es ist Aberglaube, wenn wir annehmen, Gott werde handeln, wenn wir untätig bleiben.

20 Die dem Christentum zugrundeliegenden Prinzipien sind denen der Rassentrennung diametral entgegengesetzt.

21 Wir müssen einen scharfen Verstand und ein weiches Herz miteinander verbinden, wenn wir dem Ziel der Freiheit und Gerechtigkeit näherkommen wollen.

Das wahre Zeugnis eines christlichen Lebens besteht in der Verwirklichung eines sozialen Evangeliums. 22

Wenn erst einmal der Ehrgeiz und das Verlangen der Welt durch die Wunder der westlichen Technologie gereizt sind, kann man nicht hoffen, Menschen aus dem irdischen Königreich des Besitzes, der Gesundheit und des Glücks auszuschließen. 23

Jesu ethischer Nonkonformismus fordert noch immer unser Gewissen heraus. Die Liebe Jesu ist ein strahlendes Licht, das die Häßlichkeit unseres abgestandenen Konformismus enthüllt. 24

Laß dich von keinem Menschen so herunterziehen, daß du ihn haßt. 25

Es gibt eine Form konstruktiver, gewaltloser Spannung, die für Wachstum erforderlich ist. 26

Juni

27 Freiheit wird nicht durch passives Hinnehmen von Leiden gewonnen. Freiheit wird durch Kampf gegen Leiden gewonnen.

28 Agape ist mehr als romantische Liebe, sie ist mehr als Freundschaft. Agape ist verstehendes, schöpferisches, erlösendes Wohlwollen gegenüber allen Menschen. Agape ist überströmende Liebe, die nichts für sich selber will. Theologen würden sagen, es sei die Liebe Gottes, die im Menschenherzen wirkt. Wenn man sich zur Liebe auf dieser Ebene erhebt, dann liebt man alle Menschen, nicht weil man sie gern hat, nicht weil ihre Art einem gefällt, sondern man liebt sie, weil Gott sie liebt. Das ist es, was Jesus meinte, als er sagte: »Liebt eure Feinde!« Ich bin glücklich, daß er nicht sagte: »Habt eure Feinde gern!«, denn es gibt einige Leute, die gern zu haben mir recht schwerfiele.

29 Viele Menschen fürchten nichts mehr, als eine Position zu beziehen, die sich klar und deutlich von der vorherrschenden Meinung unterscheidet. Sie bemühen sich, eine Ansicht zu vertreten, die so populär ist, daß jedermann sie teilt. Viele Menschen, die hohe und edle Ideale anerkennen, verbergen dies sorgfältig, weil sie fürchten, als anders zu gelten.

30

Wir haben die Bedeutung der Gewaltlosigkeit in unserem Kampf um Rassengerechtigkeit in den Vereinigten Staaten erprobt, nun aber ist die Zeit gekommen, die Gewaltlosigkeit in allen Bereichen menschlicher Konflikte zu erproben, und das bedeutet Gewaltlosigkeit auf internationaler Ebene.

Juli

1 Jeder von uns muß Vertrauen in die Zukunft haben. Mögen wir auch allein kämpfen, Gott kämpft mit uns. Er führt uns aus einem verwirrenden Ägypten durch eine öde und trostlose Wüste in ein helles und glänzendes Gelobtes Land.

2 Alle, die sich selbst ehren mit dem Anspruch, »Christen« zu sein, sollten sich mit Jesus vergleichen.

3 Keinen Menschen hat Gott ohne irgendeine Begabung gelassen. Schöpferische Kräfte sind in jedem von uns verborgen. Wir haben die Pflicht, sie zu entdecken und zu entfalten.

4 Wissenschaft und Religion sind keine Rivalen. Sie ergänzen einander. Wissenschaft bewahrt die Religion davor, in dumpfe Unvernunft und lähmende Bildungsfeindlichkeit abzusinken. Die Religion hält die Wissenschaft davon ab, in veralteten Materialismus und moralischen Nihilismus zu verfallen.

Jesus wußte, daß seine Jünger in einer schwierigen 5
und feindseligen Welt auf den Widerstand der politischen Oberen und die Unduldsamkeit der Verteidiger alter Ordnungen stoßen würden.

Wir hören all das Gerede über unsere Fähigkeit, 6
uns Kanonen und Butter gleichzeitig zu leisten. Aber ich bin zu der Einsicht gekommen, daß das ein Irrglaube ist, weil dann die sozialen Bedürfnisse vernachlässigt werden.

Die Aufforderung, unsere Feinde zu lieben, ist 7
nicht die fromme Bitte eines schwärmerischen Träumers; sie ist eine unbedingte Notwendigkeit für unser Überleben.

Manche Kirchen erkennen an, daß sie, um im 8
ethischen Bereich Bedeutung zu haben, die Gleichheit zum Gebot machen müssen. Die Basis für ein Bündnis mit ihnen ist stark und dauerhaft. Aber für die Kirchen, die diese Fragen vermeiden und umgehen, die in sozialen und wirtschaftlichen Fragen

stumm oder ängstlich sind, sind wir nicht mehr als Fremde, wenn wir auch dieselben Choräle zur Ehre desselben Gottes singen.

9 Es ist eines der größten Probleme der Menschheit, daß wir an einer Gefühlsarmut leiden, die in einem schreienden Gegensatz steht zu unserem wissenschaftlichen und technologischen Überfluß.

10 Es verspricht am meisten Erfolg, wenn wir standfest sind, mit aggressiver Gewaltlosigkeit voranschreiten, Enttäuschungen akzeptieren und uns an die Hoffnung klammern. Unsere Weigerung, uns aufhalten zu lassen, wird schließlich die Tür zur Erfüllung öffnen.

11 Wahrer Friede bedeutet nicht lediglich die Abwesenheit von Konflikten, sondern die Gegenwart von Gerechtigkeit.

12 Der beste Gottesdienst ist eine Versammlung von Menschen aller Gesellschaftsschichten, die zusam-

menkommen, um ihren Glauben an Gott gemeinsam zu praktizieren. Wann immer die Kirche, bewußt oder unbewußt, eine Gruppe bevorzugt, verliert ihr Grundsatz, daß ihr alle Menschen willkommen sind, an Glaubwürdigkeit, und sie läuft Gefahr, kaum mehr als ein geselliger Verein zu sein mit einem fadenscheinigen Anstrich von Religiosität.

13

Gewalt ist der untrennbare Zwilling des Materialismus.

14

Ich will mich weiter an die Gewaltlosigkeit halten, weil ich in ihr eine Lebensphilosophie gefunden habe, die nicht nur mein Verhalten im Kampf um Gerechtigkeit zwischen den Rassen, sondern auch meinen Umgang mit anderen Menschen und mir selbst reguliert.

15

Klugheit aus Erfahrung sollte uns sagen, daß Krieg etwas Überholtes ist. Es mag Zeiten gegeben haben, da der Krieg als ein negatives Gutes diente, indem er die Ausbreitung und das Wachstum einer bösen Macht verhinderte, aber die äußerst zerstörerische Gewalt moderner Waffen schließt an sich schon die Möglichkeit aus, daß der Krieg heute noch als ein negatives Gutes dienen könnte.

16 Die Zeit ist neutral. Sie kann sowohl destruktiv als auch konstruktiv genutzt werden. Ich glaube allmählich, daß die Menschen bösen Willens ihre Zeit wesentlich effektiver genutzt haben als die Menschen guten Willens.

17 Der von Gott erfüllte Mensch und Gott, der im Menschen wirksam wird, schaffen unglaubliche Veränderungen in unserem persönlichen Leben und im Leben unserer Gesellschaft.

18 Ich bin fast zu dem bedauerlichen Schluß gelangt, daß das große Hindernis auf dem Weg des Negers in die Freiheit nicht der Ku-Klux-Klan ist, sondern der »gemäßigte« Weiße, dem »Ordnung« mehr bedeutet als Gerechtigkeit, der ständig sagt: »Mit Ihrem Ziel bin ich einverstanden, aber nicht mit Ihren Methoden.«

19 Man kann sich am besten von Angst freimachen, wenn man sein Leben auf den Willen und die Absichten Gottes ausrichtet. »Vollkommene Liebe treibt die Furcht aus.«

20 Ziviler Ungehorsam, von Massen geübt, kann Wut in konstruktive und schöpferische Kraft verwandeln.

21 Wir sollen überzeugte Menschen sein, nicht Mitläufer: Menschen des moralischen Adels, nicht der sozialen Ehrbarkeit.

22 Wenn Hoffnung schwindet, richtet sich der Haß unglücklicherweise oft am bittersten gegen die, die zuerst die Hoffnung weckten.

23 Alles, was ich in Sachen Bürgerrechte tue, sehe ich als Teil meines Dienstes als Pastor an, da ich der Ansicht bin, daß das Evangelium dem ganzen Menschen dient.

Juli

24 Die Geschichte ist ein geeigneter Zeuge dafür, daß Freiheit selten ohne Opfer und Selbstverleugnung gewonnen wird.

25 Wir müssen ein für allemal die Auffassung aufgeben, es gebe höhere und niedere Rassen unter den Menschen.

26 Es ist furchtbar, daß die Rassentrennung im christlichen Amerika am deutlichsten am Sonntagmorgen um 11 Uhr in Erscheinung tritt, in der Stunde, in der viele singen: »In Christus gibt's nicht Ost noch West.«

27 Heute liegt unsere einzige Hoffnung in unserer Fähigkeit, den revolutionären Geist wiederzugewinnen und in eine manchmal feindliche Welt hinauszugehen, um der Armut, dem Rassismus und dem Militarismus ewige Feindschaft anzusagen. Mit solchem Engagement werden wir den Status quo und die ungerechten Gewohnheiten kühn herausfordern und damit bald den Tag herbeiführen, von dem es

heißt: »Alle Täler sollen erhöht werden, und alle Berge und Hügel sollen erniedrigt werden, und was uneben ist, soll gerade, und was hügelig ist, soll eben werden.«

28

Gewaltlose Bewegungen für soziale Neuerung müssen sich internationalisieren, weil die Probleme, denen sie gegenüberstehen, miteinander verknüpft sind.

29

Die Menschheit muß ein Ende der Kriege herbeiführen, oder die Kriege werden ein Ende der Menschheit herbeiführen.

30

Ich glaube immer noch, daß für Gottes Wahrheit einzutreten, die großartigste Sache der Welt ist. Das ist das Ziel des Lebens. Das Ziel des Lebens ist es nicht, glücklich zu sein, Vergnügen zu finden und Schmerz zu vermeiden. Das Ziel des Lebens ist es, Gottes Willen zu tun, komme, was mag.

31 Trotz aller edler Beteuerungen des Christentums hat es die Kirche oft an echter Sorge um soziale Gerechtigkeit fehlen lassen. Das Christentum ist aber aufgerufen, das Evangelium auch im sozialen Leben wirksam werden zu lassen.

August

Die christliche Kirche scheint mehr weiß als christlich zu sein. 1

Das Problem des Bösen hat den Geist des Menschen stets beschäftigt. Ich möchte meine Antwort auf den Hinweis beschränken, daß vieles Böse durch die Torheit und Unwissenheit des Menschen verursacht wird und durch den Mißbrauch seiner Freiheit. Darüber hinaus kann ich nur sagen, daß Gott stets von einem Schleier des Geheimnisses verhüllt war und bleiben wird. Trotz der Gegenwart des Bösen und trotz aller Zweifel, die uns bedrängen, wollen wir den Glauben nicht verlieren, daß unser Gott mächtig ist. 2

Jedes Individuum hat gewisse Grundrechte, die weder vom Staat verliehen sind noch von ihm stammen. Um zu entdecken, woher sie kommen, muß man zurückgehen bis hinter den verschwommenen Nebel der Ewigkeit; denn sie sind von Gott verliehen. 3

Erfolg, Anerkennung und Konformismus sind die Kennwörter der modernen Welt, in der anscheinend 4 jeder nach der einschläfernden Sicherheit strebt, mit der Mehrheit identifiziert zu werden.

5 Gewaltlosigkeit ist eine mächtige Forderung nach Vernunft und Gerechtigkeit. Wenn diese grob zurückgestoßen wird, verwandelt sie sich nicht in Resignation und Passivität.

6 Etwas sollte uns daran erinnern, daß wir die großen Dinge in unserem Universum nicht sehen. Man geht durch die Nacht und schaut zu den Sternen empor, die am Himmel wie schaukelnde Laternen der Ewigkeit funkeln, und man glaubt, man sieht alles. Aber nein! Die Kräfte der Gravitation, die sie an ihrem Platz halten, sind nicht zu sehen.

7 Wie die Propheten des achten vorchristlichen Jahrhunderts aus ihren Dörfern auszogen und ihr »So spricht der Herr« weit über die Mauern ihrer heimischen Gemeinden hinweg erklingen ließen, und wie der Apostel Paulus die Stadt Tarsus verließ, um das Evangelium von Jesus Christus in die fernsten Außenbezirke der griechisch-römischen Welt zu tragen, so

habe ich das Evangelium der Freiheit über die Grenzen meiner Heimatstadt hinauszutragen. Wie Paulus muß ich dem makedonischen Ruf nach Hilfe folgen.

Es kann eine Zeit kommen, in der Schweigen Verrat bedeutet. 8

Gottes Geleit hört auch vor einer Gefängniszelle nicht auf. 9

Echtes Mitleid bedeutet mehr, als einem Bettler eine Münze hinzuwerfen; es ist das Verständnis dafür, daß ein Haus, in dem Menschen zu Bettlern gemacht werden, umgebaut werden muß. 10

Die Wahrheit liegt weder im traditionellen Kapitalismus noch im klassischen Kommunismus. Jeder von beiden vertritt nur die halbe Wahrheit. Der Kapitalismus sieht die Wahrheit im Kollektivismus nicht. Der Kommunismus sieht die Wahrheit im Individualismus nicht. Der Kapitalismus erkennt nicht, 11 daß das Leben sozial ist. Der Kommunismus erkennt nicht, daß das Leben individuell ist. Die gute und gerechte Gesellschaft ist weder die These des Kapitalismus noch ihre Antithese, der Kommunismus, sondern eine sozial verstandene Demokratie, die die Wahrheit des Individualismus mit der Wahrheit des Kollektivismus verbindet.

12 Der Weg, in Unrecht einzuwilligen, führt zu moralischem und geistlichem Selbstmord. Der Weg der Gewalt führt zu Bitterkeit bei den Unterdrückten, die überleben, und zu Brutalität bei denen, die Zerstörung anrichten. Aber der Weg der Gewaltlosigkeit führt zur Erlösung und zur Schaffung einer versöhnten Gemeinschaft.

13 Ein Problem, das die Menschheit lösen muß, um in dem Welthaus, das wir geerbt haben, zu überleben, besteht darin, eine Alternative zu Krieg und Menschenvernichtung zu finden. Ehe es zu spät ist, müssen wir die klaffende Lücke zwischen unseren Friedensbeteuerungen und unseren schlechten Taten, die Krieg auslösen und verewigen, schließen. Wir sind aufgerufen, von dem schwankenden Boden der Rüstungsprogramme und Verteidigungsver-

pflichtungen aufzublicken und die Warnung am Wegweiser der Geschichte zu lesen.

Ich sehe die Kirche als den Leib Christi. Aber wie haben wir diesen Leib durch unsere soziale Nachlässigkeit und unsere Angst, als Nonkonformisten zu gelten, geschändet und mit Narben bedeckt! 14

Wenn der Zorn der Völker über die ungerechten Zustände in eine Revolution der Liebe und Kreativität geleitet werden soll, müssen wir unbedingt damit anfangen, mit allen Völkern eine neue Welt zu gestalten. 15

Ich habe zuviel Haß gesehen, als daß ich selber hassen möchte. Jedesmal, wenn ich ihn sehe, sage ich mir: Haß ist eine zu große Last, als daß man sie tragen könnte. 16

Der Glaube gibt uns weder die Illusion, wir könnten von Leid und Schmerz ausgenommen wer- 17 den, noch läßt er uns annehmen, das Leben sei ein Schauspiel ohne dramatische Augenblicke und Verwicklungen. Vielmehr wappnet er uns mit der inneren Ausgeglichenheit, die wir brauchen, um den unvermeidlichen Spannungen, Lasten und Ängsten entgegenzutreten. Er gibt uns die Gewißheit, daß die Welt vertrauenswürdig ist, weil Gott sich um uns sorgt.

18 Ein höchst gefährlicher Krimineller kann der Mann sein, der zwar vernunftbegabt, aber ohne Moral ist. Wir müssen uns darauf besinnen, daß Intelligenz nicht genug ist. Intelligenz plus Charakter – das ist das Ziel einer wahrhaftigen Erziehung. Sie gibt uns nicht nur die Kraft des Nachdenkens, sondern auch Wertvorstellungen, über die nachzudenken sich lohnt.

19 Wenn wir nicht mit aller Entschlossenheit die letzten Spuren von Rassismus aus unseren Beziehungen zur übrigen Welt entfernen, werden wir bald erleben, wie die Sünden unserer Väter an unserer und den folgenden Generationen gerächt werden.

20

Es gibt im menschlichen Leben etwas, das einer Veränderung zugänglich ist. Darauf baut die Philosophie der Gewaltlosigkeit auf.

21

Ich weigere mich zu glauben, daß der »Ist-Zustand« der gegenwärtigen Natur des Menschen ihn moralisch unfähig macht, sich nach dem ewigen »Soll-Ziel« auszustrecken, mit dem er immer wieder konfrontiert ist.

22

Es ist eine erstaunliche Absurdität, Milliarden für die Erreichung des Mondes auszugeben, auf dem keine Menschen leben, aber nur einen Bruchteil dieses Betrags für die Sanierung dichtbevölkerter Slums bereitzuhalten.

23

Ich habe einen Traum, daß eines Tages diese Nation sich erheben und der wahren Bedeutung ihres Credos gemäß leben wird: »Wir halten diese Wahrheit für selbstverständlich: daß alle Menschen gleich erschaffen sind.« Ich habe einen Traum, daß eines Tages die Söhne früherer Sklaven und die Söhne früherer Sklavenhalter miteinander am Tisch der Brüderlichkeit sitzen können.

August

24 Wenn wir die Freiheit erschallen lassen – wenn wir sie erschallen lassen von jeder Stadt und jedem Weiler, von jedem Staat und jeder Großstadt, dann werden wir den Tag schneller herbeiführen können, an dem alle Kinder Gottes – schwarze und weiße Menschen, Juden und Heiden, Protestanten und Katholiken – sich die Hände reichen und die Worte des alten Negro Spiritual singen können: »Endlich frei! Endlich frei! Großer allmächtiger Gott, wir sind endlich frei!«

25 Wahre Nächstenliebe ist mehr als die Fähigkeit zum Mitleid, sie ist die Fähigkeit, sich einzufühlen und mitzuempfinden.

26 Tätige Humanisten sind wertvoller als untätige Christen.

27 Wir werden niemals Frieden auf der Welt haben, bevor die Menschen überall anerkennen, daß Mittel und Zwecke nicht voneinander zu trennen sind; denn die Mittel verkörpern das Ideal im Werden, das Ziel im Entstehen, und schließlich kann man gute Zwecke nicht durch böse Mittel erreichen, weil die Mittel den Samen und der Zweck den Baum darstellen.

28 Wenn die Menschheit sich entwickeln soll, müssen wir uns Gandhi zum Vorbild nehmen. Ihn zu ignorieren, ist unser eigenes Risiko.

29 Die Liberalen unter den Weißen müssen sich von der Vorstellung befreien, daß es einen spannungslosen Übergang von der alten Ordnung der Ungerechtigkeit zur neuen Ordnung der Gerechtigkeit geben kann.

30 Es kommt eine Zeit, in der man eine Position beziehen muß, die weder risikolos noch »klug« noch populär ist; aber man muß sie beziehen, weil einem das Gewissen sagt, daß es richtig ist. Ich bin überzeugt, es ist notwendig, daß alle Menschen guten Willens sich in einem Akt des Gewissens äußern und mit den Worten eines alten Negro Spiritual erklären: »Wir werden in Zukunft Krieg nicht mehr lernen.«

31 Die Kirche muß ihren Einfluß auf dem Gebiet der wirtschaftlichen Gerechtigkeit nutzen.

September

1 Was hat der Mensch ersonnen, um mit der Kriegsfurcht fertig zu werden? Die Völker haben geglaubt, gesteigerte Bewaffnung könne die Furcht vertreiben. Tatsächlich hat sie die Furcht nur vergrößert. Nicht Waffen, sondern Liebe, Verständnis und organisierter guter Wille können uns von der Furcht befreien. Nur Abrüstung auf der Grundlage guten Glaubens könnte gegenseitiges Verständnis entstehen lassen.

2 In einer Welt, die dem Aufstand zerlumpter und hungriger Massen von Kindern Gottes entgegenblickt, in einer Welt, deren kulturelle und geistige Macht ihren technischen Fähigkeiten so weit nachhinkt, daß wir jeden Tag am Abgrund nuklearer Totalvernichtung leben – in dieser Welt ist Gewaltlosigkeit kein Gegenstand theoretischer Untersuchungen mehr, sondern ein Gebot zu handeln.

3 Mitleid, das der Zuneigung entbehrt, führt oft zu einer Form der Betreuung, die kein Mensch ertragen kann, der sich selbst achtet.

September

Die Kirche ist der Ort, an dem jeder den gleichen 4
Rang vor einem gemeinsamen Herrn und Retter haben sollte.

Kriminalität ist nicht rassisch bedingt. Armut und 5
Unwissenheit sind Brutstätten des Verbrechens. Dabei spielt es keine Rolle, welcher Rasse ein Mensch angehört.

Wenn wir uns weigern, für die Gerechtigkeit zu 6
leiden, und lieber dem Pfad der Bequemlichkeit als dem der Überzeugung folgen, hören wir Jesus sagen: »Selig sind, die um der Gerechtigkeit willen verfolgt werden, denn ihnen gehört das Himmelreich.«

In der Todesstrafe zeigt die Gesellschaft am deut- 7
lichsten, daß sie nicht zur Vergebung bereit ist.

Unsere Missionsanstrengungen schlagen fehl, 8
wenn sie sich auf Mitleid gründen statt auf Mitlei-

den. Anstatt nachzudenken, wie wir etwas m i t Afrikanern und Asiaten tun könnten, haben wir zu oft überlegt, wie etwas f ü r sie zu tun wäre.

9 Die eigentliche Schwäche der Meinung, Gott werde alles tun, liegt in einem falschen Verständnis Gottes wie des Menschen. Es macht Gott so absolut souverän, daß der Mensch absolut hilflos wird.

10 Liebe im besten Sinne ist konkretisierte Gerechtigkeit.

11 Schwarze Vorherrschaft ist genauso gefährlich wie weiße Vorherrschaft. Gott ist nicht nur an der Freiheit von Menschen mit schwarzer, brauner oder gelber Hautfarbe interessiert. Gott ist interessiert an der Freiheit der ganzen Menschheit und an der Schaffung einer Gesellschaft, in der alle Menschen als Brüder zusammenleben können und in der jeder die Würde und den Wert menschlicher Persönlichkeit respektiert.

12

Wenn ich vor dem Problem stünde, würde ich den Kriegsdienst aus Gewissensgründen verweigern. Ich würde nicht einmal als Militärgeistlicher dienen.

13

Laßt uns nicht-angepaßt sein, so nicht-angepaßt wie der Prophet Amos, der inmitten des Unrechts seiner Zeit ausrufen konnte – in Worten, deren Echo durch die Jahrhunderte geht –: »Es ströme aber wie Wasser das Recht und die Gerechtigkeit wie ein nie versiegender Bach.« Laßt uns so nicht-angepaßt sein wie Jesus von Nazareth, der in die Augen der Männer und Frauen seiner Generation sah und ausrief: »Liebt eure Feinde. Segnet, die euch fluchen. Betet für die, die euch beleidigen und verfolgen.«

14

Eines der größten Probleme der Geschichte ist es, daß die Begriffe Liebe und Macht gewöhnlich als polare Gegensätze gegenübergestellt werden. Was wir brauchen, ist die Erkenntnis, daß Macht ohne Liebe rücksichtslos und schimpflich ist und daß Liebe ohne Macht sentimental und blutleer ist. Macht im besten Sinne ist Liebe, die die Forderungen der Gerechtigkeit erfüllt. Gerechtigkeit im besten Sinne ist Liebe, die alles ändert, was sich der Liebe entgegenstellt.

September

15 Es besteht immer die Gefahr, daß wir die Mittel, durch die wir leben, an die Stelle des Sinns treten lassen, für den wir leben.

16 Verzeihen ist keine gelegentliche Handlung; es ist eine grundsätzliche Haltung.

17 Der Fluch der Armut hat in unserem Zeitalter keine Berechtigung. Es ist an der Zeit, daß wir uns durch die sofortige Abschaffung der Armut selbst zivilisieren.

18 Es ist nicht leicht, die Glaubensüberzeugung zu akzeptieren, daß moralische Macht genausoviel Stärke und Wirkung besitzt wie die Fähigkeit, einen körperlichen Schlag zu erwidern, und daß es mehr Willensstärke und Mut erfordert, auf ein Zurückschlagen zu verzichten, als den automatischen Verteidigungsreflexen nachzugeben.

19

Ein Kernstück des Evangeliums ist sein Universalismus. Rassische Vorurteile sind eine Verleugnung unserer Einheit in Christus.

20

Liebe dich selbst, wenn du darunter ein gesundes und moralisches Selbstinteresse verstehst. Das ist dir aufgetragen. Das ist die Länge des Lebens. Liebe deinen Nächsten wie dich selbst. Das ist dir aufgetragen. Das ist die Breite des Lebens. Aber vergiß niemals das oberste und größte Gebot: »Du sollst den Herrn, deinen Gott, lieben, von ganzem Herzen, von ganzer Seele und von ganzem Gemüt.« Das ist die Höhe des Lebens.

21

Wahrer Gottesdienst ist die Erfahrung, daß Menschen aller Schichten zusammenkommen, um ihr Einssein und ihre Einheit in Gott zu bekräftigen.

22

Gesetze mögen Herzen nicht ändern, aber sie können Herzlose zügeln. Erziehung und Religion sind nötig, um schlechte innere Einstellungen zu ändern. Aber Gesetzgebung und Gerichtsurteile können deren Wirkungen nach außen unter Kontrolle halten.

September

23 Es gibt keinen einfachen Weg, eine Welt zu schaffen, in der Männer und Frauen zusammen leben können, in der jeder seine eigene Arbeit und Wohnung hat und in der alle Kinder so viel Bildung erhalten, wie ihr Verstand aufnehmen kann. Aber wenn eine solche Welt zu unseren Lebzeiten geschaffen wird, dann wird es dadurch geschehen, daß wir den Rassismus, den Materialismus und die Gewalt, die unsere westliche Zivilisation kennzeichnen, zurückweisen und auf eine Welt der Brüderlichkeit, der Zusammenarbeit und des Friedens hinarbeiten.

24 Was nützt es einer Generation, was nützt es einer Nation, die ganze Welt der technischen Mittel, der Fernsehgeräte, der Autos und des elektrischen Lichts zu besitzen und schließlich doch ihre Seele zu verlieren?

25 Die Kirche muß daran erinnert werden, daß sie weder Herr noch Diener, wohl aber Gewissen des Staates ist.

26 Es ist eine der Tragödien der menschlichen Geschichte, daß die »Kinder der Finsternis« meist entschlossener und eifriger sind als die »Kinder des Lichts«.

27 Nur durch eine innere, spirituelle Wandlung gewinnen wir die Kraft, die Übel der Welt energisch und zugleich demütig und liebend zu bekämpfen.

28 Gott findet immer noch einen Weg, Bösem Gutes abzuringen. Die Geschichte hat immer wieder gezeigt, daß unverdientes Leiden erlösende Kraft hat.

29 Die Folge von Gewaltlosigkeit ist die Schaffung versöhnter Gemeinschaft, während die Folge von Gewalt tragische Bitterkeit ist.

30 Armut, Krankheit und Unwissenheit züchten Verbrechen, ganz gleich um welche rassische Grup-

pe es sich handelt. Es ist eine gewundene Logik, die die tragischen Folgen von Rassentrennung und Diskriminierung als Argument für ihre Aufrechterhaltung sieht.

Oktober

Das Evangelium dient dem ganzen Menschen. Es genügt nicht, sich um die Seele des Menschen zu sorgen. Man muß sich auch um den Körper und um die Umweltbedingungen kümmern, die die Seele verletzen können. 1

Es ist wichtig zu erkennen, daß es Zeiten gibt, in denen ein von Menschen verfaßtes Gesetz nicht im Einklang mit dem sittlichen Gesetz der Schöpfung steht. 2

Eine echte Revolution der Werte meint in letzter Konsequenz, daß unsere Treueverpflichtungen weltweit werden müssen, nicht regional beschränkt bleiben dürfen. Jede Nation muß jetzt eine sich über alle Schranken hinwegsetzende Verpflichtung gegenüber der Menschheit als ganzer entwickeln. 3

Ich besitze die Kühnheit zu glauben, daß Menschen überall auf der Welt täglich drei Mahlzeiten für ihren Körper sowie Erziehung und Kultur für ihren Verstand und Würde, Gleichheit und Freiheit für ihren Geist haben können. 4

Oktober

5 Ich halte mich an die Ideale meiner Religion – daß »die Erde des Herrn ist« und daß die auf ihr wachsende Nahrung für alle Menschen bestimmt ist.

6 Wir müssen die Notwendigkeit erkennen, durch gewaltloses Handeln jene Spannung in der Gesellschaft herzustellen, die hilft, sich aus den dunklen Tiefen des Vorurteils und des Rassenhasses zu den erhabenen Höhen der Brüderlichkeit und gegenseitigen Verstehens zu erheben.

7 Rassische Diskriminierung ist eine krebsartige Krankheit, die uns daran hindert, die erhabenen Prinzipien unserer jüdisch-christlichen Tradition zu befolgen. Rassische Diskriminierung setzt eine Ich-Es-Beziehung an die Stelle einer Ich-Du-Beziehung. Sie degradiert Menschen auf den Status von Sachen.

8 Kein Individuum und keine Nation kann allein leben. Wir müssen alle lernen, zusammen zu leben, oder wir werden gezwungenermaßen zusammen sterben.

9

Es ist eine der schmerzlichsten Erfahrungen des Menschenlebens: Die Hoffnungen unserer Kindheit und die Vorsätze unserer reiferen Jahre bleiben unvollendete Symphonien.

10

Wir neigen dazu, Erfolg eher nach der Höhe unserer Gehälter oder nach der Größe unserer Autos zu bestimmen als nach dem Grad unserer Hilfsbereitschaft und dem Maß unserer Menschlichkeit.

11

Wir sind dafür geschaffen, zusammenzuleben. Wir werden keinen Frieden auf Erden haben, ehe wir nicht diese gegenseitige Abhängigkeit alles Seins begreifen.

12

Darin liegt die wahre Bedeutung, der wahre Wert von Mitgefühl und Gewaltlosigkeit, daß sie uns helfen, den Standpunkt des Feindes zu sehen, seine Fragen zu hören, zu wissen, wie er uns einschätzt. Denn aus seiner Sicht vermögen wir tatsächlich die grundlegenden Schwächen unserer eigenen Stellung zu erkennen, und wenn wir reif genug sind, können wir aus der Weisheit der Brüder, die Gegner genannt werden, lernen, an ihr wachsen und von ihr profitieren.

13 Ich teile die Meinung des heiligen Augustin, daß »das ungerechte Gesetz überhaupt kein Gesetz ist«.

14 Die Menschen verneigen sich vor den falschen Göttern des Nationalismus und Materialismus. Die Rettung wird nicht aus der Anpassung der konformistischen Mehrheit kommen, sondern aus der schöpferischen Auflehnung der nonkonformistischen Minderheit.

15 Wer den Frieden liebt, muß genauso effektiv arbeiten wie die Kriegstreiber. Wenn diese Kriegspropaganda betreiben, müssen wir für den Frieden werben.

16 Menschlicher Fortschritt rollt niemals auf den Rädern des Unvermeidlichen heran. Er ist das Er-

gebnis unermüdlicher Bemühungen und beharrlichen Einsatzes von Menschen, die bereit sind, Mitarbeiter Gottes zu sein.

17

Wenn Millionen Menschen jahrhundertelang betrogen worden sind, dann ist Wiedergutmachung ein teurer Prozeß. Mangelhafte Ausbildung, schlechte Wohnverhältnisse, Arbeitslosigkeit und unzureichende Gesundheitsfürsorge – die Bewältigung jedes dieser Probleme wird Milliarden kosten. Die so lange vorenthaltene Gerechtigkeit hat Zinsen auflaufen lassen, und ihr Preis wird für die Gesellschaft beträchtlich sein, in finanzieller wie in menschlicher Hinsicht.

18

Gott hat versprochen, mit uns zusammenzuarbeiten, wenn wir das Böse aus unserem Leben vertreiben und versuchen wollen, wahre Kinder seines Willens zu werden.

19

Ich glaube immer noch, daß Liebe die beständigste Macht in der Welt ist.

Oktober

20 Eines Tages werden wir begreifen, daß das Herz nie ganz recht haben kann, wenn der Kopf sich völlig irrt. Das heißt nicht, daß der Kopf recht haben kann, wenn das Herz sich irrt. Nur wenn wir Hirn und Herz, Verstand und Güte in Einklang bringen, wird der Mensch die volle Bestimmung seiner wahren Natur erreichen.

21 Ich habe keine Angst vor den Begriffen »Krise« und »Spannung«. Ich lehne Gewalt zutiefst ab, aber eine konstruktive Spannung ist notwendig für Wachstum. Allem Leben und allem Wachstum ist Spannung angeboren. Nur im Tod gibt es keine Spannung.

22 Gott ist bei denen, die unter dem Bösen leiden. Wenn wir in der Dunkelheit irgendeines Ägypten stehen, ist Gott ein Licht auf unserem Wege. Er schenkt uns die Kraft, die Prüfungen Ägyptens zu bestehen.

23 Arbeitsplätze für ungelernte oder wenig ausgebildete Arbeiter sind durch das technische Wunder

der Automation verschwunden. In dieser katastrophalen Situation nur wenige Türen allen zu öffnen oder alle Türen nur wenigen, heißt Chaos herbeizuführen.

24

Die Führer der heutigen Welt sprechen vom Frieden als einem fernen Ziel, einem Zweck, dem wir nachjagen. Aber eines Tages werden wir einsehen müssen, daß der Frieden nicht bloß ein fernes Ziel ist, das wir suchen, sondern daß er ein Mittel ist, durch das wir zu jenem Ziel gelangen. Wir müssen friedliche Zwecke mit friedlichen Mitteln verfolgen.

25

Das Nächste, um das wir uns bemühen müssen, wenn wir Frieden auf Erden für alle Menschen guten Willens haben wollen, ist die gewaltlose Übereinkunft über die Heiligkeit allen menschlichen Lebens. Jeder Mensch ist jemand, denn er ist ein Kind Gottes.

26

Du kannst nicht sein, was du sein solltest, bis ich bin, was ich sein sollte. So ist die Welt beschaffen. Das ist der strukturelle Zusammenhang unserer Wirklichkeit. John Donne hat das schon vor einigen Jahrhunderten begriffen: »Kein Mensch ist eine Insel, vollständig in sich. Jeder Mensch ist ein Stück des Kontinents, ein Teil des Ganzen.«

27 Gewaltlosigkeit ist eine kraftvolle und gerechte Waffe. Sie ist eine Waffe sondergleichen in der Geschichte: sie schlägt, ohne zu verwunden, und sie adelt denjenigen, der sie führt. Sie ist tatsächlich ein heilendes Schwert.

28 Dies ist nicht die Zeit, in der man sich den Luxus der Gelassenheit oder träge Gemächlichkeit leisten kann. Jetzt ist die Zeit, die Versprechungen der Demokratie wahrzumachen.

29 Zweifellos stehen wir einer Weltkrise gegenüber. Aber jede Krise hat nicht nur ihre Gefahren, sondern auch ihre Möglichkeiten. In einer dunklen, verwirrten Welt kann in den Herzen der Menschen doch das Reich Gottes herrschen.

30 Die Theorie – wenn auch gewiß nicht die Praxis – des Kommunismus fordert uns auf, uns mehr um soziale Gerechtigkeit zu kümmern.

31 Wenn die Kirche ihren prophetischen Eifer nicht wiederentdeckt, wird sie ein unbedeutender geselliger Verein ohne moralische oder geistliche Autorität werden.

November

1 In aller Objektivität müssen wir zugeben, daß der Kapitalismus oft eine Kluft zwischen Überfluß und Armut aufgerissen hat. Gott will, daß alle seine Kinder das haben, was sie zu einem gesunden und lebenswerten Leben brauchen.

2 Laßt uns nicht Gefallen finden am Tal der Verzweiflung.

3 Eine Gemeinde wollte einen Pastor wählen und schrieb auf der Liste ihrer Bedingungen an erster Stelle: »Er muß das reine Evangelium predigen und sich nicht mit sozialen Fragen beschäftigen.« Das ist der beste Weg zu einer ins Bedeutungslose absinkenden Kirche, in der Menschen sich nur noch versammeln, um fromme Redensarten anzuhören.

4 Wir dürfen niemals vergessen, daß alles, was Hitler in Deutschland tat, »legal« und alles, was die Freiheitskämpfer in Ungarn taten, »illegal« war.

5 Gewaltlosigkeit bewirkt etwas in den Herzen derer, die sich ihr verschreiben. Sie gibt ihnen neue Selbstachtung. Sie legt bisher ungeahnte Quellen der Kraft und des Mutes frei. Und endlich rührt sie auch das Gewissen des Gegners so sehr an, daß Aussöhnung Wirklichkeit wird.

6 Die Methode des gewaltlosen Widerstands ist gegen die Mächte des Bösen gerichtet, nicht gegen die Personen, die das Böse tun.

7 Wir müssen endlich erkennen, daß zu lange aufgeschobene Gerechtigkeit verweigerter Gerechtigkeit gleichkommt.

8 Wenn unsere Tage verdunkelt sind und unsere Nächte finsterer als tausend Mitternächte, wollen wir stets daran denken, daß es in der Welt eine große segnende Kraft gibt, die Gott heißt.

9 Ein Sturm erhebt sich gegen die privilegierte Minderheit der Erde, vor dem es keine Zuflucht in

Isolierung und Kriegsrüstung gibt. Der Sturm wird sich nicht legen, bis eine gerechte Verteilung der Früchte der Erde es dem Menschen überall ermöglicht, anständig und menschenwürdig zu leben.

10 Alle Menschen sind voneinander abhängig. Jede Nation ist Erbe eines großen Schatzes von Ideen und Arbeit, zu dem die Lebenden und die Toten aller Nationen beigetragen haben. Ob wir es wissen oder nicht, jeder von uns bleibt ewig »in der Schuld« von anderen. Wir sind ewige Schuldner bekannter und unbekannter Männer und Frauen.

11 Gott ist bei uns nicht nur im Mittag der Erfüllung, sondern auch in der Mitternacht der Verzweiflung.

12 Alle Bewohner der Erde sind jetzt Nachbarn. Das große Haus, in dem wir leben, verlangt, daß wir diese weltweite Nachbarschaft in eine weltweite Bruderschaft verwandeln.

13

Wie oft war die Kirche reich an Glaubensbekenntnissen und arm an Taten!

14

Ich bin mir völlig klar darüber, daß der Friedensnobelpreis die Verpflichtung bedeutet, mehr als je zuvor für die »Brüderlichkeit unter den Menschen« zu arbeiten. Diese Berufung führt mich weit über nationale Bindungen hinaus. Aber selbst wenn sie nicht vorhanden wäre, müßte ich doch in der Wahrnehmung des Dienstes Jesu Christi genau dasselbe tun. Für mich ist dieser Dienst so eng mit der Arbeit für den Frieden verbunden, daß ich mich immer wieder über diejenigen wundere, die mich fragen, warum ich meine Stimme gegen den Krieg erhebe. Sollten sie wirklich nicht wissen, daß die frohe Botschaft allen Menschen gilt – Kommunisten und Kapitalisten, ihren und unseren Kindern, Schwarzen wie Weißen, Revolutionären wie Konservativen? Haben sie vergessen, daß mein Dienst im Gehorsam gegen den zu geschehen hat, der seine Feinde so sehr liebte, daß er für sie starb?

15

Wäre die Schöpfung nicht widersinnig, wenn der Tod eine Sackgasse wäre, die nicht weiterführt?

November

Durch Christus hat Gott dem Tod den Stachel genommen und uns von dessen Herrschaft befreit. Unser irdisches Leben ist das Vorspiel zur Wiederauferstehung. Der Tod ist eine Straße, die in das ewige Leben führt.

16 In einer Welt, deren kulturelle und geistige Macht so weit hinter ihren technischen Fähigkeiten zurückbleibt, daß wir jeden Tag am Abgrund nuklearer Vernichtung leben, in dieser Welt ist Gewaltlosigkeit kein Gegenstand theoretischer Untersuchungen mehr, sondern ein unbedingtes Gebot zu handeln.

17 Die Gesellschaft braucht Störenfriede, um ihre Spannungen ans Licht zu bringen und ihre Bürger zu zwingen, sich der Häßlichkeit ihrer Vorurteile und der Tragödie ihres Rassismus bewußt zu werden.

18 Heute sagt unser himmlischer Vater der westlichen Zivilisation: »Im fernen Land des Kolonialismus sind Millionen farbiger Brüder politisch unterdrückt, wirtschaftlich ausgebeutet und ihrer Menschenwürde beraubt worden. Kehrt um in eure wahre Heimat der Gerechtigket, der Freiheit und der Brüderlichkeit! Ich will euch freudig aufnehmen!«

19

Ja, ich bin selbst Opfer aufgeschobener Träume und zerschlagener Hoffnungen. Aber trotzdem habe ich immer noch einen Traum, denn man darf im Leben nicht aufgeben. Wenn man die Hoffnung verliert, verliert man die Vitalität, die das Leben in Bewegung hält, man verliert den Mut zu sein, die Eigenschaft, die hilft, trotz allem weiterzumachen. Und so habe ich heute noch immer einen Traum. Ich träume davon, daß eines Tages die Menschen sich erheben und einsehen werden, daß sie geschaffen sind, als Brüder miteinander zu leben.

20

Eine echte Revolution der Werte wird die Weltordnung in Frage stellen und vom Krieg sagen: »Diese Art der Beilegung von Meinungsverschiedenheiten ist unentschuldbar.« Dieses Verbrennen menschlicher Wesen mit Napalm, diese Vermehrung von Witwen und Waisen in unseren Häusern, dieses Einspritzen giftiger Drogen des Hasses in die Seelen von Menschen, die normalerweise menschlich denken, dieses Entlassen von körperlich behinderten und seelisch gestörten Menschen von finsteren, blutigen Schlachtfeldern ist mit Klugheit, Gerechtigkeit und Liebe nicht in Einklang zu bringen.

21 Laßt uns erkennen, daß wir bei unserem Kampf für Gerechtigkeit und Freiheit kosmischen Beistand haben. Das geht aus dem langbewährten Glauben der jüdisch-christlichen Tradition hervor.

22 Der Tod ist kein Punkt, der den großen Satz des Lebens beendet, sondern ein Komma, das ihm erhabenere Bedeutung verleiht. Der Tod ist keine Sackgasse, die die Menschheit in einen Zustand des Nichts führt, sondern ein offenes Tor, das den Menschen zum ewigen Leben führt.

23 Verständigung zwischen den Rassen ist nicht etwas, das wir einfach finden, sondern etwas, das wir entwickeln müssen. Wir werden die Fähigkeit, als Schwarze und Weiße zusammenzuarbeiten und einander zu verstehen, nicht irgendwo gebrauchsfertig vorfinden; sie muß durch die Fähigkeit zur Begegnung entwickelt werden.

24

Ich weigere mich zu glauben, der Mensch sei lediglich Treib- und Strandgut im Strom des Lebens, der uns umgibt. Ich weigere mich, die Ansicht zu übernehmen, die Menschheit sei so tragisch der sternenlosen Nacht des Rassismus und des Krieges verhaftet, daß der helle Tagesanbruch des Friedens und der Brüderlichkeit nie Wirklichkeit werden könne.

25

Jeder Schritt auf dem Weg zur Gerechtigkeit erfordert Opfer, Leiden und Kampf, unermüdliche Anstrengung und leidenschaftliche Hingabe engagierter einzelner.

26

Jesus gab uns einen neuen Maßstab für Größe. Wenn du wichtig sein willst – wunderbar! Wenn du anerkannt sein willst – wunderbar! Wenn du groß sein willst – wunderbar! Aber mache dir klar: »Wer unter euch der Größte sein will, sei euer Diener.« Das ist ein neuer Maßstab für Größe. Und was mir daran so gefällt: Diese Definition von Größe schließt ein, daß jeder groß sein kann. Denn jeder kann dienen.

November

27 Aus langen und schmerzlichen Erfahrungen haben wir die Lehre gezogen, daß Freiheit vom Unterdrücker nie freiwillig gewährt wird; sie muß vielmehr von ihm gefordert werden.

28 Ich wurde immer mehr gezwungen, im Krieg nicht nur ein moralisches Verbrechen, sondern auch einen Feind der Armen zu sehen und ihn als solchen zu bekämpfen.

29 Sucht Gott, entdeckt ihn und laßt ihn zur Stärke eures Lebens werden. Ohne ihn werden alle unsere Mühen zunichte, und unsere Sonnenaufgänge verwandeln sich in schwärzeste Nacht. Mit ihm können wir uns aus der dunklen Nacht der Hoffnungslosigkeit erheben und den Sonnenaufgang der Freude erreichen.

30 Ein Mensch hat nicht angefangen zu leben, bevor er sich nicht aus den engen persönlichen Bindungen zu den höheren Verpflichtungen der Menschheit befreit hat.

Dezember

Wir müssen die Glut des Evangeliums der ersten Christen wiederfinden, die im wahrsten Sinne des Wortes Nonkonformisten waren und sich weigerten, ihr Zeugnis den Gewohnheiten ihrer Umwelt anzupassen. 1

Geld für Hilfsprogramme, das ohne echte Einfühlung gegeben wird, ist wie Salz ohne Geschmack, nur gut dazu, zertreten zu werden. 2

Wenn unsere Tage trübe werden durch tiefhängende Wolken der Verzweiflung, wenn unsere Nächte dunkler werden als tausend Mitternächte, laßt uns daran denken, daß es eine schöpferische Macht in dieser Welt gibt, deren Ziel es ist, die gigantischen Berge des Bösen abzutragen, eine Macht, die in der Lage ist, einen Weg zu bahnen, wo kein Weg ist, und ein dunkles Gestern in ein helles Morgen zu verwandeln. 3

Oberflächliches Verständnis bei Menschen, die guten Willens sind, ist entmutigender als absolutes Mißverständnis bei Menschen bösen Willens. 4

Dezember

5 Gerechtigkeit ist unteilbar. Es wäre ziemlich widersinnig, leidenschaftlich und hartnäckig für rassisch integrierte Schulen zu kämpfen und sich nicht um das Überleben einer Welt zu kümmern, in die integriert werden soll.

6 Befreit sich die Kirche von den tötenden Fesseln des Status quo, übernimmt sie wieder ihre historische Mission, predigt sie furchtlos und beharrlich Frieden und Gerechtigkeit, so wird sie das Feuer in den Seelen der Menschen neu entfachen und ihnen eine glühende Liebe eingeben zur Wahrheit, zur Gerechtigkeit und zur Liebe.

7 Es kann sein, daß unsere Generation nicht nur die diabolischen Taten und ätzenden Worte der »Kinder der Finsternis« bereuen muß, sondern auch die lähmenden Ängste und tragische Apathie der »Kinder des Lichts«.

8 Kein einzelner kann allein leben; kein Land kann allein leben. Und je länger wir das versuchen, desto mehr wird es Krieg in dieser Welt geben.

9

Das Christentum hat immer gelehrt, daß wir das Kreuz tragen müssen, ehe wir die Krone erringen. Wenn wir Christen sein wollen, müssen wir unser Kreuz auf uns nehmen und es tragen, bis es uns wieder auf den besseren Weg hilft, der nur durch Leiden zu erreichen ist.

10

Gewaltlosigkeit ist die Antwort auf die entscheidende politische und menschliche Frage unserer Zeit – die Notwendigkeit, daß der Mensch Unterdrükkung und Gewalt überwindet, ohne zu Gewalt und Unterdrückung Zuflucht zu nehmen.

11

Ich schlage vor, daß die Philosophie und Strategie der Gewaltlosigkeit sofort Gegenstand der Untersuchung und ernsthafter Experimente auf jedem Gebiet menschlicher Konflikte, auf jeden Fall einschließlich der Beziehungen zwischen Nationen, wird. Schließlich sind es die Nationalstaaten, die Krieg führen und Waffen hergestellt haben, die das Überleben der gesamten Menschheit in Frage stellen.

Dezember

12 Für Jesus ist der Mensch nicht Treib- und Strandgut im Meer des Lebens. Er sieht in ihm ein Kind Gottes.

13 Letztlich ist es nicht von entscheidender Bedeutung, wo ein Mensch in Zeiten der Ruhe und Sicherheit steht, sondern wie er sich in Zeiten der Herausforderung und des Kampfes verhält. Der wirkliche Nächste wird seine Stellung, sein Ansehen und sogar sein Leben für das Wohlergehen anderer einsetzen.

14 Es genügt nicht, wenn die Kirche sich im Reich der Ideen betätigt. Sie muß sich auch in die Arena sozialen Handelns begeben.

15 Freiheit war immer eine teure Sache. Die Geschichte ist der beste Beweis dafür, daß Freiheit selten ohne Opfer und Selbstverleugnung erlangt wurde.

16 Die passive Ergebung in ein ungerechtes System macht den Unterdrückten so schlecht wie den Unterdrücker.

17

In Christus gibt es weder Juden noch Heiden. In Christus gibt es weder Männer noch Frauen. In Christus gibt es weder Kommunisten noch Kapitalisten. In Christus gibt es weder Gebundene noch Freie. Wir alle sind eins in Jesus Christus. Wenn wir wahrhaft an die Heiligkeit der menschlichen Persönlichkeit glauben, dann werden wir keinen Menschen ausbeuten, dann werden wir keine Menschen mit den eisernen Tritten der Unterdrückung zertrampeln, dann werden wir niemanden töten.

18

Es kommt eine Zeit, in der ein moralischer Mensch sich einem Gesetz nicht unterordnet, von dem sein Gewissen ihm sagt, daß es ein ungerechtes Gesetz ist. Und wichtig dabei ist, daß er, wenn er sich so verhält, eine Verurteilung in Kauf nimmt – denn wenn er sich ihr widersetzt, dann wird er rücksichtslos und zum Anarchisten. Zu jeder Zeit und in jeder Generation gab es Persönlichkeiten, die bereit waren zu sagen: »Ich gehorche einem höheren Gesetz!«

19

Wir dürfen auf keinen Fall Gewalt mit Gewalt vergelten. Ich weiß, wie schwer das ist, besonders da wir nun schon mindestens zehnmal Opfer von Bombenanschlägen geworden sind. Aber das ist der Weg Christi, der Weg des Kreuzes.

20 Die entwickelten Industriestaaten können keine sicheren Inseln des Wohlstandes in einem brodelnden Meer der Armut bleiben.

21 Jesus wußte, daß seine Jünger kalten und überheblichen Menschen begegnen würden, deren Herzen im langen Winter des Traditionalismus erstarrt waren. Deshalb gab er ihnen für ihren Dienst den Rat: »So seid klug wie die Schlangen und ohne Falsch wie die Tauben.« Wir müssen die Härte der Schlange und die Sanftheit der Taube miteinander verbinden: einen scharfen Verstand mit einem weichen Herzen.

22 Ich glaube, daß auf die anderen ausgerichtete Menschen wieder aufbauen können, was auf sich selbst ausgerichtete Menschen zerstört haben. Ich glaube immer noch, daß die Menschheit sich eines Tages vor Gottes Altären beugen wird und mit dem

Triumph über Krieg und Blutvergießen gekrönt werden wird und daß gewaltloser, erlösender guter Wille seine Herrschaft über das Land ausrufen wird. »Und der Löwe und das Lamm werden einträchtig beieinander lagern. Und ein jeder wird unter seinem Weinstock und Feigenbaum wohnen, und niemand wird sie schrecken.«

23

Eine der großen Tragödien der Menschheit auf ihrem Weg durch die Geschichte war die Beschränkung der Fürsorge auf Stamm, Rasse, Klasse oder Nation. Der barmherzige Samariter hatte die Gabe einer allumfassenden Nächstenliebe. Er sah über die Zufälle der Rasse, der Religion und der Nationalität hinweg.

24

Vor zweitausend Jahren sagte eine Stimme aus Betlehem, daß alle Menschen gleich seien. Sie sagte, Recht werde triumphieren. Jesus von Nazaret schrieb keine Bücher. Er besaß kein Eigentum, das ihm Einfluß verlieh. Er hatte keine Freunde an den Höfen der Mächtigen. Aber er änderte den Kurs der Menschheit mit den Armen und Verachteten allein.

Dezember

25 Die Weihnachtshoffnung auf Frieden und guten Willen unter allen Menschen kann nicht länger als eine Art frommer Traum einiger Schwärmer abgetan werden. Wenn wir in dieser Welt nicht guten Willens gegenüber den Menschen sind, werden wir uns durch den Mißbrauch unserer eigenen Werkzeuge und unserer eigenen Macht selbst vernichten.

26 Wenn wir Frieden auf Erden haben wollen, müssen unsere Zusammengehörigkeitsgefühle mehr ökumenisch als partikularistisch sein. Sie müssen über unsere Rasse, unsere Sippe, unseren Stand und unsere Nation hinausgehen, und das bedeutet, daß wir eine Weltperspektive entwickeln müssen.

27 Die christliche Botschaft will grundsätzlich zweierlei: Einerseits will sie mit Gott vereinen, andrerseits will sie die sozialen Lebensbedingungen ändern, damit die geläuterten Herzen auch eine Chance bekommen.

28

Wenn wir in mitleidloser Distanziertheit und anmaßendem Individualismus versäumen, auf die Nöte der Benachteiligten zu antworten, sagt uns der Herr: »Was ihr getan habt einem unter diesen meinen geringsten Brüdern, das habt ihr mir getan.«

29

Wenn Friede auf Erden herrschen soll, müssen wir an die grundlegende Moral des Alls glauben und daran, daß alles Sein von moralischen Grundlagen abhängt. Etwas muß uns dies in Erinnerung rufen, wenn wir wiederum in der Weihnachtszeit stehen und gleichzeitig an die Osterzeit denken, da beides Hand in Hand geht. Christus kam, um uns den Weg zu zeigen.

30

Wenn ich von Liebe spreche, spreche ich nicht von einem sentimentalen und schwachen Gefühl. Ich spreche von jener Kraft, die alle großen Religionen als das alle Trennungen überwindende Grundprinzip des Lebens angesehen haben. Man kann sagen, daß Liebe der Schlüssel ist, der die Tür zur letzten Wirklichkeit öffnet.

Dezember

31 Ich träume auch heute noch davon, daß eines Tages »alle Täler erhöht und alle Berge und Hügel erniedrigt werden, und was krumm ist, gerade, und was hüglig ist, eben wird«, und daß »die Herrlichkeit des Herrn offenbart werden wird und alles Fleisch miteinander es sehen wird«. Ich träume immer noch davon, daß wir mit diesem Glauben imstande sein werden, den Rat der Hoffnungslosigkeit zu vertagen und neues Licht in die Dunkelkammern des Pessimismus zu bringen. Mit diesem Glauben wird es uns gelingen, den Tag schneller herbeizuführen, an dem Frieden auf Erden ist. Es wird ein ruhmvoller Tag sein, »die Morgensterne werden miteinander singen und alle Kinder Gottes vor Freude jauchzen«.

Quellenverzeichnis

Im Quellenverzeichnis sind die jeweiligen Seiten der Bücher, denen die Texte entnommen wurden, angegeben. Für die Bücher gelten folgende Abkürzungen:

- A Martin Luther King, Aufruf zum zivilen Ungehorsam, © by Econ Verlag, Düsseldorf und Wien 1969
- AT Martin Luther King, Ausgewählte Texte, hg. von Coretta Scott King, Wilhelm Goldmann Verlag, München 1985; Abdruck mit freundlicher Genehmigung der Liepmann AG, Zürich
- F Martin Luther King, Freiheit, Wilhelm Heyne Verlag, München 1968
- K Martin Luther King, Kraft zum Lieben, Friedrich Bahn Verlag, Konstanz 1964; Neuauflage: Aussaat Verlag, Neukirchen-Vluyn 1997
- MA Heinrich W. Grosse, Die Macht der Armen, Martin Luther King und der Kampf für soziale Gerechtigkeit, Furche-Verlag, Hamburg 1971
- S Martin Luther King, Schöpferischer Widerstand. Reden – Aufsätze – Predigten, hg. von Heinrich W. Grosse, Gütersloher Verlagshaus, Gütersloh 1980
- T Luther King, Testament der Hoffnung. Letzte Reden, Aufsätze und Predigten, hg. von Heinrich W. Grosse, Gütersloher Verlagshaus, Gütersloh 6. Aufl. 1989

TH Testament of Hope. The Essential Writings of Martin Luther King, Jr., ed. by James Melvin Washington, Harper&Row, San Francisco 1986

W Martin Luther King, Wohin führt unser Weg? Chaos oder Gemeinschaft, © by Econ Verlag, Düsseldorf und Wien 1968

WW Martin Luther King, Warum wir nicht warten können, © by Econ-Verlag, Düsseldorf und Wien 1964

Januar

1.	W	138
2.	TH	137
3.	F	156
4.	W	148
5.	W	148
6.	K	30
7.	T	55f.
8.	TH	48
9.	aus: Anspr. am 5.12.1955 in Montgomery, zit. n. Abschr. in Archives of the M. L. King, Jr., Center, Atlanta	
10.	W	152
11.	zit. n.: Stimme der Gemeinde, 1.5.1968	
12.	F	75f.
13.	TH	124
14.	K	194
15.	T	79
16.	TH	22
17.	K	63
18.	F	178
19.	K	33
20.	W	148
21.	TH	140
22.	TH	10
23.	F	33
24.	K	96
25.	T	88
26.	K	187
27.	F	82
28.	W	160
29.	K	29
30.	T	124
31.	AT	69

Februar

1.	W	83
2.	WW	111

3.	T	56f.
4.	F	74
5.	W	152
6.	AT	24
7.	K	62
8.	F	104
9.	W	146
10.	W	146
11.	A	90
12.	W	142
13.	K	199
14.	AT	41
15.	T	103
16.	W	148
17.	AT	21f.
18.	F	161
19.	W	148
20.	F	180
21.	A	43
22.	W	156
23.	K	220
24.	K	220
25.	K	25
26.	T	111
27.	W	141
28.	AT	58

März

1.	TH	222
2.	T	32f.
3.	WW	113
4.	K	48
5.	F	182
6.	F	78f.
7.	AT	23
8.	K	41
9.	AT	85
10.	W	83
11.	K	232
12.	TH	41
13.	K	19
14.	K	26
15.	K	63
16.	W	21
17.	K	199
18.	T	89
19.	F	71f.
20.	F	185
21.	AT	50
22.	K	19
23.	TH	41
24.	W	105
25.	S	85
26.	T	61
27.	T	61
28.	S	54
29.	Christian Century, 27.4.1960, 510	
30.	S	47
31.	K	171

April

1.	K	39
2.	K	52
3.	T	117
4.	S	129

5.	S	81f.
6.	TH	42f.
7.	TH	137
8.	K	146
9.	K	60
10.	K	212
11.	F	81
12.	TH	88
13.	A	117
14.	F	127
15.	F	66
16.	A	88
17.	F	175
18.	S	137
19.	aus: Ansprache am 23.2.1968, zit. n. Abschrift in: Archives of the Martin Luther King, Jr., Center, Atlanta	
20.	W	55f.
21.	T	59
22.	K	194
23.	K	125
24.	S	52
25.	W	148
26.	K	212
27.	T	60
28.	F	36
29.	K	143
30.	AT	92

Mai

1.	W	154
2.	TH	203
3.	K	185
4.	K	19
5.	W	141
6.	K	211
7.	F	70
8.	W	78
9.	AT	29
10.	K	42
11.	T	25
12.	W	73
13.	K	136
14.	S	44
15.	W	145
16.	S	46
17.	F	144
18.	MA	177
19.	F	166
20.	F	179
21.	K	107
22.	AT	61
23.	K	30
24.	K	143
25.	F	78
26.	K	194
27.	F	43f.
28.	W	157
29.	T	103
30.	F	148
31.	F	81

Juni				*Juli*		
1.	F	185		1	TH	200
2.	S	136		2.	TH	356
3.	TH	119		3.	K	115
4.	T	20		4.	AT	62
5.	AT	72		5.	K	12
6.	S	45		6.	T	68
7.	T	79		7.	K	61f.
8.	K	77		8.	W	126
9.	S	77f.		9.	AT	67
10.	AT	28		10.	T	56
11.	W	56		11.	AT	82
12.	S	45		12.	AT	64
13.	W	150		13.	T	60
14.	K	159		14.	T	70
15.	W	149		15.	A	106
16.	WW	103		16.	F	180
17.	TH	122		17.	K	198
18.	S	46		18.	F	178
19.	K	196		19.	F	157
20.	K	207		20.	MA	169
21.	K	18		21.	K	23
22.	WW	41		22.	W	41
23.	W	144		23.	MA	212f.
24.	K	24f.		24.	TH	142
25.	K	208		25.	S	47
26.	F	174		26.	F	157
27.	W	22		27.	W	155f.
28.	A	113f.		28.	A	100
29.	AT	30		29.	TH	276
30.	A	107		30.	TH	10
				31.	K	156

August

1.	W	34
2.	K	164
3.	S	44
4.	K	22f.
5.	W	23
6.	AT	63
7.	WW	99f.
8.	T	75
9.	WW	97
10.	W	154
11.	W	153
12.	TH	25
13.	W	149f.
14.	F	184
15.	A	50
16.	A	115
17.	K	183
18.	AT	41
19.	AT	38
20.	New South, Dec. 1961, 6	
21.	S	77
22.	WW	74
23.	T	124
24.	T	125
25.	K	42
26.	K	191
27.	A	110
28.	AT	70
29.	W	78
30.	TH	276f.
31.	K	208

September

1.	K	179f.
2.	A	101
3.	K	42
4.	S	123
5.	F	147
6.	K	24
7.	K	51
8.	K	42
9.	K	195
10.	W	77
11.	S	53
12.	zit.n.: H. Grosse, M. L. King, in: Chr. Rajewski / D. Riesenberger, Hg., Große Pazifisten, München 1987, 324	
13.	S	55
14.	W	34f.
15.	K	89
16.	AT	28
17.	W	137
18.	WW	44
19.	K	155
20.	AT	63
21.	K	82
22.	TH	107
23.	TH	61
24.	T	103
25.	K	80
26.	F	90
27.	F	30

28.	TH	221f.
29.	TH	87
30.	S	48

Oktober

1.	zit. n.: W. R. Miller, Martin Luther King, Jr., New York 1968, 212/213	
2.	AT	42
3.	T	90f.
4.	S	78
5.	MA	134f.
6.	F	174
7.	TH	147
8.	TH	138
9.	AT	66
10.	AT	25
11.	A	108
12.	A	52
13.	WW	107
14.	K	31
15.	AT	89
16.	F	180
17.	AT	56f.
18.	K	199
19.	TH	11
20.	K	59
21.	TH	350
22.	K	108
23.	WW	130
24.	A	111
25.	A	111f.
26.	S	47
27.	WW	29
28.	AT	46
29.	K	234
30.	K	154
31.	W	83

November

1.	K	157
2.	T	124
3.	K	193
4.	F	178
5.	K	230f.
6.	F	79
7.	F	175
8.	K	171
9.	A	38
10.	W	148
11.	K	108
12.	W	138
13.	F	158
14.	T	78f.
15.	K	139
16.	A	101
17.	W	78
18.	K	147
19.	A	118
20.	W	154
21.	MA	120
22.	TH	222
23.	AT	35
24.	S	77

25.	F	149
26.	S	127
27.	WW	104f.
28.	A	44
29.	AT	62
30.	AT	21

Dezember

1.	K	28
2.	W	147
3.	TH	252
4.	F	179
5.	A	46
6.	K	81
7.	TH	89
8.	A	107
9.	K	32
10.	S	77
11.	W	151
12.	K	185
13.	AT	29
14.	F	157
15.	AT	49
16.	K	134
17.	A	112f.
18.	AT	42
19.	F	134
20.	A	38
21.	K	12
22.	S	78
23.	K	36
24.	T	40
25.	A	105f.
26.	A	107
27.	AT	65
28.	K	24f.
29.	A	116
30.	T	91
31.	A	120

Zeittafel

Martin Luther King

1929	(15. Januar) M. L. King, Jr., in Atlanta/Georgia (USA) geboren als Sohn des Baptistenpfarrers M. L. King, Sr., und seiner Frau Alberta King, geb. Williams
1948	Ordination als baptistischer Pfarrer
1948 – 1951	Theologiestudium in Chester/Pennsylvania
1951 – 1954	Doktorand in Boston, Massachusetts
1953	Eheschließung mit Coretta Scott King
1954	Pfarrstelle in Montgomery/Alabama (Dexter Avenue Baptist Church)
1955	Geburt des ersten von vier Kindern; Promotion zum Doktor der Theologie
1955 – 1956	Busboykott in Montgomery (Dez. 1955 – Dez. 1956)
1956	Bombenanschlag auf Kings Wohnung
1957	Gründung der »Southern Christian Leadership Conference«, der organisatorischen Basis für den christlich motivierten gewaltlosen Widerstand gegen Diskriminierung der Schwarzen (Präsident: M. L. King) Wahlrechtskampagnen im Süden der USA
1960	Wechsel auf die 2. Pfarrstelle der Ebenezer Baptist Church in Atlanta; studentische »Sit-ins« gegen Rassentrennung in öffentlichen Einrichtungen
1961	»Freedom Rides« gegen Rassentrennung im zwischenstaatlichen Busverkehr
1962	Gewaltlose Aktionen in Albany/Georgia

1963	Gewaltlose Boykottaktionen in Birmingham/Alabama (»Brief aus dem Gefängnis in Birmingham«) »Marsch auf Washington« (»Ich habe einen Traum«)
1964	Wählerregistrierungskampagne in Mississippi Besuch Berlins auf Einladung von Willy Brandt Friedensnobelpreis
1965	Bürgerrechtsmarsch von Selma nach Montgomery Unruhen im Schwarzenghetto Watts/Los Angeles (35 Tote)
1966	Eintritt in den Vorstand der Vereinigung »Geistliche und Laien in Sorge um Vietnam« Gewaltlose Aktionen im Norden der USA (Chicago) gegen Rassendiskrimierung auf dem Wohn- und Arbeitsmarkt
1967	Öffentliche Kritik am Vietnamkrieg Planung einer »Kampagne der Armen« in Washington, D.C.
1968	Unterstützung des Müllarbeiterstreiks in Memphis/Tennessee 3. April: Letzte Rede: »Ich bin auf dem Gipfel des Berges gewesen« 4. April: M. L. King, Jr., in Memphis erschossen

Nicht erwähnt sind in dieser Übersicht die 29 Gefängnisaufenthalte Martin Luther Kings.